DE LA DISPARITION

DE LA

MONNAIE D'ARGENT

ET DE SON REMPLACEMENT

PAR LA MONNAIE D'OR

OU

SITUATION MONÉTAIRE DE LA FRANCE EN 1859,

PAR

M. Hubert de MATIGNY,

Ancien Inspecteur des finances, Directeur en retraite.

D'où viennent nos souffrances et notre langueur, et la faim et la soif qui nous tourmentent, et les chaînes qui nous courbent vers la terre et entrent dans notre chair?

(*Paroles d'un croyant.*)

DEUXIÈME ÉDITION.

PARIS,

CHEZ L'AUTEUR, RUE BOUTAREL, 18 (ILE SAINT-LOUIS),

ET CHEZ

LEDOYEN, galerie d'Orléans, Palais-Royal; DALMONT et DUNOD, quai des Augustins, 49;

BESTEL et Cie, rue de la Bourse, 7; DENTU, Palais-Royal.

1859

DE LA DISPARITION

DE LA

MONNAIE D'ARGENT

ET DE SON REMPLACEMENT

PAR LA MONNAIE D'OR.

Paris. — Imprimerie de L. MARTINET, 2, rue Mignon.

DE LA DISPARITION

DE LA

MONNAIE D'ARGENT

ET DE SON REMPLACEMENT

PAR LA MONNAIE D'OR

OU

SITUATION MONÉTAIRE DE LA FRANCE EN 1859,

PAR

M. Hubert de MATIGNY,

Ancien Inspecteur des finances, Directeur en retraite.

D'où viennent nos souffrances et notre langueur, et la faim et la soif qui nous tourmentent, et les chaînes qui nous courbent vers la terre et entrent dans notre chair?

(*Paroles d'un croyant.*)

DEUXIÈME ÉDITION.

PARIS,

CHEZ L'AUTEUR, RUE BOUTAREL, 18 (ILE SAINT-LOUIS);

ET CHEZ :

LEDOYEN, galerie d'Orléans, Palais-Royal; DALMONT et DUNOD, quai des Augustins, 49;
BESTEL et Cie, rue de la Bourse, 7; DENTU, Palais-Royal.

1859

INTRODUCTION.

Le remplacement de la monnaie d'argent par a monnaie d'or a été conçu et entrepris en 1850 et 1851. L'hôtel des monnaies de Paris, qui jusque-là n'avait fabriqué des espèces d'or qu'à titre de monnaie additionnelle et subordonnée à la monnaie d'argent, en a délivré, dans le cours de ces deux années, pour 355 millions; c'est avec ce fonds que le commerce des métaux précieux a retiré de la circulation, fondu et exporté, une première masse de numéraire d'argent s'élevant à 294 millions.

L'opération s'est continuée ainsi sans interruption, d'année en année, jusqu'à ce jour, à raison de 400 à 500 millions par an et même plus.

Au 31 décembre 1857, la monnaie d'or fabriquée depuis 1850 et substituée à la monnaie d'argent, s'élevait à 2 milliards 750 millions, et celle-ci, retirée, fondue et exportée, à 2 milliards 28 millions, ainsi que le démontrent les relevés ci-après établis d'après les comptes généraux des finances, et sur les tableaux du commerce publiés par l'administration des douanes.

Comparaison de la fabrication de la monnaie d'or avec l'émigration de la monnaie d'argent, de 1850 à 1857.

ANNÉES.	FABRICATION DE L'OR.
1850	85,192,390 »
1851	269,709,570 »
1852	27,028,270 »
1853	312,964,020 »
1854	526,528,200 »
1855	447,427,820 »
1856	508,281,995 »
1857	572,561,225 »
Total. .	2,749,693,490 »

Émigration de l'argent.

ANNÉES.	EN LINGOTS.	EN MONNAIES.
1850	10,474,880 »	71,834,020 »
1851	33,006,620 »	67,674,200 »
1852	28,088,580 »	154,486,140 »
1853	40,981,740 »	188,471,740 »
1854	72,451,540 »	191,090,660 »
1855	76,673,140 »	241,377,900 »
1856	139,191,980 »	254,326,580 »
1857	152,044,420 »	306,044,664 »
Total. .	552,912,900 »	475,305,904 »
Ensemble. . .	2,028,218,204 »	

Comme la substitution de l'or à l'argent se faisait aux caisses des grands réservoirs métalliques, il n'en est résulté aucune perturbation sérieuse dans le mouvement général des besoins, des échanges et des affaires.

A partir de 1853, le public s'est bien aperçu que la monnaie d'or prenait la place de la monnaie d'argent. — Cédant à un premier sentiment de surprise et d'inquiétude, on s'est demandé ce que cela signifiait, on a eu recours aux présages, on a interrogé les augures, et ceux-ci, après avoir suivi attentivement le vol des oiseaux sacrés, n'ont pas hésité à annoncer que c'était le retour de l'âge d'or; que l'émigration de l'argent pour la Crimée, l'Indoustan et les régions les plus orientales du Céleste Empire, n'était que temporaire et qu'il n'y avait pas lieu de s'en inquiéter.

Le commerce de détail, néanmoins, gêné dans sa marche habituelle par la disparition de l'écu de 5 francs, a fait entendre des plaintes et des murmures que le commerce des métaux précieux, qui faisait l'opération, s'est empressé d'apaiser en jetant dans la circulation, en 1855 et 1856, pour 70 millions de pièces de 5 francs neuves en argent, et pour environ 20 millions de pièces d'or de la même valeur.

Depuis lors l'opération a suivi son cours sans que le public s'en soit autrement préoccupé.

Quand cette spéculation a été entreprise, la monnaie d'argent censée en circulation s'élevait, d'après le compte des finances de 1851, à 4 milliards 448 millions, et dans ce chiffre la pièce de 5 francs entrait pour. 4,274,000,000

Mais il convient de déduire 1 milliard de pièces aurifères appartenant aux règnes antérieurs à 1830, qui ont été détruites par les changeurs et affineurs, et en partie emportées par les armées étrangères, ci 1,000,000,000

Reste 3,274,000,000

C'est sur ces 3 milliards en pièces de 5 francs que s'exerce depuis six à sept ans la substitution de la monnaie d'or à la monnaie d'argent.

Au 31 décembre dernier, comme l'indique le tableau précédent, cette substitution s'élevait à 2,750,000,000

Dans l'année 1858, qui vient d'expirer, l'hôtel des Monnaies de Paris a fabriqué pour 450 millions de monnaie d'or, ci. 450,000,000

Total à ce jour 3,200,000,000

D'où il suit que la substitution de la monnaie d'or à la monnaie d'argent est parvenue à son terme, ou sur le point d'y parvenir.

Le moment est donc arrivé de s'occuper des moyens de rétablir dans la circulation les 3 milliards de monnaie d'argent qui en ont disparu, de fermer absolument au commerce des métaux précieux l'accès de nos ateliers monétaires, d'abroger l'article 3 de la loi du 10 prairial an XI, qui place l'administration des monnaies dans les attributions du ministre des finances, et de confier ce grand intérêt national et la garde de nos monnaies à une autorité supérieure relevant directement de la couronne.

C'est dans ce but que les considérations qui suivent ont été écrites et que nous les soumettons à l'appréciation impartiale du public.

Elles sont extraites en grande partie d'un ouvrage ayant pour titre : *Dotation du peuple*, dont la publication se trouve retardée par des circonstances indépendantes de la volonté de l'auteur.

Nota. — Le lecteur trouvera le programme de la dotation du peuple à la fin du volume, après les *Éclaircissements*.

I

C'est la loi du 7 germinal an XI qui a fixé et déterminé le mode de fabrication et de vérification de nos monnaies. Cette loi a conservé le franc comme unité monétaire, elle en a fixé le poids à *cinq grammes* et le titre à *neuf dixièmes de fin*.

En partant de cette base, on reconnaît que le franc contient 4 grammes et demi, ou $\frac{9}{2}$ grammes d'argent ; que le gramme d'argent vaut $\frac{2}{9}$ de franc, et le kilogramme $\frac{2000}{9}$ de franc ou 222 fr. 22 c. ;

Qu'en multipliant le poids d'une pièce de monnaie par son titre, on obtient le poids de la quantité de fin qu'elle contient, et qui constitue sa valeur ;

Que, pour passer de la valeur du franc à la valeur du gramme, il suffit de renverser la fraction ;

Que 20 francs d'argent monnaie contiennent 90 grammes de fin ; qu'une pièce d'or de 20 francs contient 5 grammes 806 milligrammes également poids du fin, et qu'en conséquence :

Le rapport de valeur de l'or à l'argent est de 1 à 15 et demi ; que la pièce d'or de 20 francs est à la taille de 155 au kilogramme ; que le kilogramme d'or vaut 3,444 fr. 44 c., et équivaut à 15 kilogrammes et demi d'argent ;

Que le gramme d'argent vaut $0^f,22^c,222$, et le gramme d'or $3^f,44^c,444$;

Enfin, que les frais de fabrication étant fixés à 6 fr. 70 c. par kilogramme d'or au titre monétaire, et à 1 fr. 50 c. par kilogramme d'argent, les officiers des monnaies calculent les bons d'or qu'ils remettent aux porteurs de matières sur le pied de 3,093 fr. 30 c., et les bons d'argent à raison de 198 fr. 50 c.

Il découle de la même base que nos pièces de monnaie ont chacune le poids ci-après :

ARGENT.

	gr.
La piécette de 20 c. pèse.	1
La pièce de 50 c.	2 1/2
Le franc.	5
La pièce de 2 fr.	10
— de 5 fr.	25

OR.

	gr.
La piécette de 5 fr. pèse. . . .	1,6129
— de 10 fr.	3,2258
La pièce de 20 fr.	6,4516
— de 50 fr.	16,1290
— de 100 fr.	32,2580

ARGENT.

Un million d'argent pèse 5,000 kilogrammes et se divise en 200,000 pièces de 5 francs.

Pour chaque million en pièces de 5 francs, les directeurs de la fabrication sont tenus de faire monnayer cinquante mille francs en pièces divisionnaires, ainsi qu'il suit :

	Nombre.	Valeur.	Poids. k. gr.
Piécettes de 20 c. .	12,500	2,500	12,50
Pièces de 50 c. . .	25,000	12,500	62,50
— de 1 fr. . .	25,000	25,000	125,00
— de 2 fr. . .	5,000	10,000	50,00
— de 5. fr. . .	200,000	1,000,000	5,000,00
otal. . . .	267,500	1,050,000	5,250,00

D'où il résulte qu'un million cinquante mille francs en monnaie d'argent pèse 5250 kilogrammes, et se divise en 267,500 pièces.

OR.

Un million d'or pèse 322^{kil},580^{gr}, et se divise en 67,250 pièces, savoir :

	Nombre.	Valeur.	Poids.
			k. gr.
Piécettes de 5 fr. .	11,000	55,000	17,741,9
— de 10 fr. .	19,000	190,000	61,290,2
Pièces de 20 fr. .	37,000	740,000	238,709,2
— de 50 fr. .	200	10,000	3,225,8
— de 100 fr. .	50	5,000	1,612,9
Total	67,250	1,000,000	322,580

On dit d'une pièce de monnaie qu'elle est droite de titre et de poids quand elle se trouve exactement dans ces deux conditions, telles qu'elles sont fixées par la loi; mais la difficulté d'allier les matières précisément au titre fixé et d'ajuster les pièces, soit à la lime, soit au rabot, avec une précision mathématique, a fait reconnaître qu'il était juste d'accorder aux directeurs de la fabrication des monnaies une tolérance en dehors et en dedans (1) du titre et du poids légal.

La loi du 7 germinal avait fixé la tolérance de titre pour l'or à deux millièmes, et pour l'argent à trois millièmes; aujourd'hui cette tolérance est la même pour les deux métaux : elle est de deux millièmes en dehors du titre, autant en dedans.

Quant à la tolérance de poids, le tableau qui suit la donne par pièce de monnaie telle qu'elle est admise en ce moment.

(1) *En dedans*. Nous croyons que là se trouve une grande erreur législative, qu'on ne peut trop promptement réparer.

DÉNOMINATION des pièces.	POIDS EXACT ou droit.	TOLÉRANCE en millièmes du poids.	POIDS AVEC LA TOLÉRANCE. En plus.	POIDS AVEC LA TOLÉRANCE. En moins.	DIAMÈTRE ou module en millimètres.
		OR.			
fr.	gr.		gr.	gr.	mm.
100 »	32,258	1	32,290258	32,225742	35
50 »	16,129	2	16,161258	16,096742	28
20 »	6,45161	2	6,46451	6,43871	21
10 »	3,22580	2	3,23225	3,21935	19
5 »	1,61290	3	1,61774	1,60806	17
		ARGENT.			
5 »	25	3	25,075	24,925	37
2 »	10	3	10,05	9,95	27
1 »	5	5	5,025	4,975	23
» 50	2,5	7	2,5175	2,4825	18
» 20	1	10	1,01	0,99	15

Ces tolérances expliquent la différence énoncée aux documents officiels entre la valeur réelle et la valeur nominale de nos monnaies. Les directeurs, ou plutôt les entrepreneurs de la fabrication, sont maîtres de leurs fontes et de leurs alliages; ils fabriquent en fort ou en faible, suivant qu'ils le jugent à propos; dans le premier cas, la valeur réelle d'une pièce de monnaie est plus élevée que sa valeur nominale; dans le second cas, elle est plus faible.

Les directeurs comptent du fin qu'ils ont reçu au change; l'emploi des tolérances en fort dans la fabrication les constitue en perte; mais cette perte leur est remboursée par le Trésor, qui, par contre, s'attribue le bénéfice résultant de l'emploi des tolérances en faible.

En relevant sur les comptes généraux des finances, ainsi qu'on l'a fait dans les tableaux ci-après, le montant des profits et pertes réalisés par le Trésor, de 1838 à 1857, par suite de l'emploi des tolérances de titre et de poids dans la fabrication de nos monnaies, on trouve que les profits s'élèvent

à.	1,381,597 79
Les pertes à	102,509 91
Bénéfice.	1,279,087 88

et que dans ce faiblage, la monnaie d'or que le commerce des métaux précieux fait fabriquer depuis 1851 en remplacement de la monnaie d'argent, entre pour une somme de 947,170 fr. 93 c.

Triste chose que de voir nos monnaies passer ainsi par les comptes, profits et pertes de la finance, et par le doit et l'avoir des marchands d'or et d'argent, et chose plus triste encore que de voir nos hôtels de Monnaies que Henri II, roi de France, avait placés sous la sauvegarde d'une cour souveraine, descendus au rang d'établissements fiscaux destinés à accroître les ressources du Trésor public.

Emploi des tolérances en faible.

ANNÉES.	BÉNÉFICE DU TRÉSOR. Sur l'or.		Sur l'argent.	
1838	3,258	14	21,949	15
1839	8,832	04	24,022	»
1840	12,075	72	21,708	34
1841	1	98	5,096	68
1842	»	»	9,022	80
1843	»	»	10,155	22
1844	»	»	35,179	62
1845	14	91	13,666	73
1846	»	»	14,671	74
1847	26	33	478	14
1848	6,877	52	17,812	70
1849	11,944	37	34,609	84
1850	58,785	35	52,591	36
1851	143,359	73	41,791	45
1852	21,798	26	»	»
1853	152,316	53	2,474	87
1854	93,127	48	1,166	58
1855	188,236	65	821	23
1856	223,920	63	19,356	61
1857	130,447	09	»	»
	1,055,022	73	326,575	06
Totaux.	1,381,597	79		

Emploi des tolérances en fort.

ANNÉES.	PERTE DU TRÉSOR.			
	Sur l'or.		Sur l'argent.	
1838	211	30	4,052	42
1839	472	70	4,820	60
1840	79	35	2,726	48
1841	2,410	79	15,014	10
1842	320	64	9,808	05
1843	862	78	1,893	63
1844	381	93	4,420	54
1845	10	37	11,525	93
1846	317	55	1,821	16
1847	608	71	3,155	78
1848	»	»	3,729	25
1849	»	»	1,221	17
1850	1,486	88	287	36
1851	891	95	»	»
1852	»	»	9,563	06
1853	»	»	39	58
1854	445	12	67	31
1855	»	»	6,247	62
1856	4,698	37	6,897	77
1857	»	»	2,019	66
	13,198	44	89,311	47
Totaux.	102,509	91		

En commerce, banque et finance, le pavillon couvre la marchandise; mais il n'en est pas de même en monnaie; les armes et l'effigie du prince couvrent toujours une pièce d'or ou d'argent, et malheur à qui y touche.

Sous nos anciens rois, la fabrication et la vérification de nos monnaies étaient l'objet d'une surveillance sévère et solennelle de la part des juges-gardes; si, par l'essai des deniers de Boète et des deniers courants, le titre était rapporté échars *dans* les remèdes, le directeur était condamné à restituer au roi le montant de cette écharseté; s'il était trouvé échars *hors* des remèdes, la cour le condamnait non-seulement à restituer, mais encore à payer une amende du double de cette restitution. Les juges-maîtres eux-mêmes pouvaient être condamnés solidairement avec le directeur et les essayeurs (1). C'est à cette sévérité que nos monnaies doi-

(1) Voy. Éclaircissements, I, p. 131.

vent le renom de haut titre et de bon aloi dont elles ont toujours joui, et qu'il importe à l'honneur et à la loyauté française de leur conserver.

Il est donc impérieusement nécessaire de retirer aux directeurs des monnaies la faculté d'employer les tolérances en faible, et de décider que désormais ils fabriqueront toujours au poids et au titre droit et jusqu'à 3 millièmes au-dessus, jamais au-dessous.

Nos monnaies doivent être fabriquées aux frais de l'État, par économie, et non à forfait et par entreprise. Leur valeur réelle doit être constamment supérieure à leur valeur nominale, le frai se charge toujours assez de les ramener au poids droit ; enfin le Trésor public ne doit retirer aucun profit de cette fabrication. Dans tous les cas, la perte résultant de l'emploi exclusif des tolérances en fort doit être imputée sur les retenues pour frais de fabrication perçues par les directeurs, ce qui n'empêchera aucunement ces officiers entrepreneurs de devenir, en peu d'années, quatre ou cinq fois millionnaires, ainsi qu'on peut le reconnaître par l'examen du décompte suivant :

De 1852 à 1857, il a été perçu par les directeurs des monnaies, pour frais de fabrication :

En 1852.	587,584	11	
En 1853.	788,933	40	
En 1854.	1,093,318	05	
En 1855.	1,200,347	38	
En 1856.	1,463,340	67	
En 1857.	1,252,177	85	
	6,385,701	46	6,385,702

Pendant le cours de ces mêmes années, il a en outre été payé par l'État à ces mêmes officiers, pour la refonte de la monnaie de cuivre, autorisée par la loi du 6 mai 1852, savoir :

A reporter. . . 6,385,702

Report. . .	6,385,702
Au directeur de Marseille.	832,030
— de Bordeaux.	715,184
— de Lille.	878,722
— de Paris.	2,834,588
— De Strasbourg.	835,186
— De Lyon.	709,977
— De Rouen.	921,159
	14,112,548

Mais, aux termes de l'ordonnance du 25 février 1835, les directeurs des monnaies sont chargés du remplacement et de l'entretien de toutes les machines et ustensiles, tels que laminoirs, balanciers, découpoirs et autres instruments *appartenant à l'État et mis à leur disposition* pour la fabrication et le monnayage. Ils sont tenus de se pourvoir, à leurs frais, des machines, ustensiles et instruments dont il serait nécessaire d'augmenter le nombre, soit pour perfectionner la fabrication, soit pour en accroître l'activité. Enfin le prix des coins

A reporter. . . 14,112,548

Report. . . . 14,112,548

et viroles brisées est aussi à leur charge, ainsi que les frais de pesage, de comptage et de vérification des espèces monnayées et délivrées.

L'expérience a démontré qu'en fixant à 33 pour 100 des allocations perçues la somme nécessaire à l'acquittement de ces diverses dépenses, les directeurs sont largement indemnisés de tous les frais mis à leur charge; ci à déduire. 4,704,188

Reste. 9,408,360

Mais en obligeant les directeurs, comme on le propose, à toujours fabriquer, en fort, le bénéfice réalisé par le Trésor, de 1852 à 1857, devient perte pour ces officiers. En cumulant cette perte avec celle déjà inscrite au tableau qui précède, on reconnaît qu'il y a encore à déduire ici, pour les mêmes années, une somme de. 863,610

Bénéfice net pour les six années. . . . 8,544,750

Ce bénéfice se partage entre les sept hôtels encore inscrits dans les comptes généraux des finances, ainsi qu'il suit :

	fr.
Paris.	5,078,580
Strasbourg	699,190
Lyon.	535,590
Marseille.	554,690
Bordeaux.	476,790
Lille.	585,800
Rouen.	614,110
	8,544,750

Bien entendu que, dans ce chiffre de 8,544,750 fr., ne sont pas compris les bénéfices qu'auront pu faire les directeurs qui auraient pris part, comme porteurs de matières, à la grande opération du remplacement de la monnaie d'argent par la monnaie d'or.

L'article 11 de la loi du 7 germinal avait fixé

les frais de fabrication à 9 fr. par kilogr. d'or, et à 3 fr. par kilogr. d'argent. Cette rétribution a été perçue sur ce pied pendant trente-deux ans; mais une ordonnance du 25 février 1835 en a réduit le taux à 6 fr. pour l'or, et à 2 fr. pour l'argent. Un autre décret du 22 mai 1849 a encore réduit cette dernière retenue à 1 fr. 50 c. Enfin, en 1854, un décret, en date du 22 mars, a élevé à 6 fr. 70 c., au lieu de 6 fr., la retenue à percevoir par les directeurs pour le monnayage de l'or. Cette augmentation de 70 c. par kilogramme, appliquée à 765,352 kilogrammes d'or, qui ont été monnayés à l'hôtel de Paris du 1er avril 1854 jusqu'à ce jour, a valu au directeur de la fabrication un boni en bénéfice de 535,746 fr. 40 c. Le décret du 22 mars ne pouvait pas, comme on voit, arriver plus à propos.

Les frais de fabrication de nos monnaies ne doivent pas être supportés plus longtemps par le commerce des métaux précieux; entre ce commerce et nos hôtels de Monnaies il doit y avoir une barrière infranchissable, un abîme dont l'œil humain soit impuissant à sonder la profondeur. La loi organique du 22 vendémiaire an IV doit être remise en vigueur dans toutes ses dispositions, nos monnaies fabriquées aux frais de l'État, à l'effigie de l'Empereur, en vertu de son droit souverain, par ses ordres et sous la surveillance, la garde et la direction d'un grand officier de la couronne.

Au reste, la nécessité de changer le régime actuel ressort avec évidence des explications qui suivent.

II

Quand il y a argent et monnaie partout, il n'y a misère ni servitude nulle part (1).

C'est sans doute pour cette raison que les an-

(1) *Lettres inédites de messire Jean-Antoine Tarboicher de Brézé, en son vivant, président de la Cour des monnaies.*

ciens rois de France faisaient battre monnaie à Paris, Rouen, Lyon, la Rochelle, Limoges, Bordeaux, Bayonne, Toulouse, Montpellier, Perpignan, Orléans, Nantes, Metz, Strasbourg, Lille, Pau et Marseille.

Et même, avant l'édit de 1772, à Caen, Angers, Poitiers, Tours, Riom, Dijon, Reims, Troyes, Amiens, Bourges, Grenoble, Rennes, Besançon, Aix et Nancy.

Les dix-sept hôtels premiers nommés fonctionnaient en 1789. La loi organique du 22 vendémiaire an IV, la première qui ait été rendue après 93 sur le fait des monnaies, n'a conservé que les hôtels de Paris, Perpignan, Bayonne, Bordeaux, Nantes, Lille, Strasbourg et Lyon; mais elle autorisait le directoire exécutif à en établir d'autres pour la fabrication de la petite monnaie. Nous avons vu, à diverses époques, des hôtels de monnaie à Toulouse, Limoges, la Rochelle, Utrecht, Turin, Gênes, Genève et Rome; il ne nous reste aujourd'hui que les sept hôtels de Paris, Bordeaux, Lille, Lyon, Marseille, Rouen et Strasbourg.

Marseille est resté en vacances depuis 1839 jusqu'en 1852 : il a pris part à la refonte de la monnaie de cuivre. Cette refonte étant terminée, l'hôtel de Marseille a été remis au domaine ; il ne figure plus au budget de 1859 que pour le traitement du concierge.

Lille et Rouen ont subi le même sort que Marseille ; il n'en reste au budget que les deux concierges.

Bordeaux doit être bien malade : cet hôtel, en sept ans, de 1843 à 1850, a fabriqué pour 15,515,450 fr. de monnaie d'argent, environ 2 millions par an. Il a eu part à la refonte de la monnaie de cuivre ; il est resté en vacances toute l'année 1857. Le budget de 1860 nous apprendra sa destinée provisoire ou définitive.

Lyon. Cet hôtel est resté en vacances de 1841 à 1847. En 1848 et 1849, il a donné signe de vie en fabriquant pour 753,484 fr. de monnaie d'argent; en 1855 et 1856, il est rentré en grâce et faveur auprès du haut commerce des métaux précieux, et a été admis à fabriquer, dans le cours de ces deux années, 7,260,340 fr. de monnaie d'or et pour 13,752,210 fr. de monnaie d'argent. Il a eu part à la refonte de la monnaie de cuivre. Depuis lors il est en vacances. Nous saurons sa destinée par le budget de 1860.

Strasbourg. Cet hôtel doit être le Benjamin et le protégé spécial des métaux précieux de Paris. De 1839 à 1850, il a fabriqué pour 115,377,555 fr. de monnaie d'argent, soit environ 9,280,000 fr. par an. En 1855 et 1856, il a été admis à fabriquer pour 58,864,100 fr. de monnaie d'or et pour 18,669,026 fr. de monnaie d'argent. Il a eu bonne part à la refonte de la monnaie de cuivre; depuis lors il est en vacances. Nous ignorons le sort que son puissant protecteur lui réserve.

Paris est un des plus beaux hôtels des Monnaies qui soient au monde ; il est en mesure non-seulement de fabriquer seul toute la monnaie nécessaire au mouvement social et industriel de la France, mais encore de satisfaire à toutes les spéculations sur les monnaies que le commerce des métaux précieux jugerait à propos d'entreprendre.

De 1838 à 1857, Paris a fabriqué pour 2,843,789,000 fr. de monnaie d'or et pour 792,662,000 fr. de monnaie d'argent ; il a fabriqué pour 11,800,000 de monnaie de cuivre (le quart de la refonte entière) ; enfin sa fabrication de 1858 s'élèvera probablement à plus de 400 millions d'or. Cet hôtel évidemment est destiné à rester seul debout, radieux et inébranlable, au milieu des ruines de tous les autres. On peut donc dès à présent considérer Lyon, Bordeaux et Strasbourg comme trépassés. Prions pour eux.

En 1843, une commission fut chargée de proposer à la chambre des députés la suppression de tous les hôtels des Monnaies dans les départements, et de ne conserver que celui de Paris ; mais cette assemblée, avertie sans doute par un pressentiment secret que cette mesure cachait un grave danger et serait funeste au pays, repoussa nét la proposition. Le commerce des métaux précieux, malgré cet échec, n'en sera pas moins arrivé à ses fins par une autre voie, par la mort naturelle et faute d'aliments des hôtels dont il s'agit.

Ainsi, bonnes provinces de France, faites-vous petites, humbles, soumises et suppliantes, pas de murmures, surtout pas de gros mots, inclinez-vous devant votre seigneur des métaux précieux, envoyez-lui bien exactement votre laine et celle de vos moutons, autrement pas de monnaie, pas de piécettes d'or, pas de sequins, pas de ducatons, inclinez-vous donc bien bas, plus bas encore, voici venir le grand maître des monnaies de France et de Navarre ; il ne lui reste plus qu'à fleurdelyser son écusson !

Ces prolégomènes monétaires une fois posés, nous nous empressons d'arriver à la question indiquée en tête de cet écrit et relative au remplacement de la monnaie d'argent par la monnaie d'or.

Ces prolégomènes nécessaires une fois posés, nous nous empressons d'arriver à la question indiquée en tête de cet écrit et relative au complément de la noblesse d'après par la main-main d'or.

III

Voici d'abord, dans le tableau suivant, le mouvement de la fabrication de nos monnaies, par année, de 1842 à 1857, tel que le donnent les comptes généraux des finances :

Dans la première période, de 1842 à 1849, la

fabrication des monnaies arrive à 838 millions ; la monnaie d'or entre dans ce chiffre pour un dixième seulement, la monnaie d'argent pour 9 dixièmes.

Première période.

ANNÉES.	OR.	ARGENT.
1842	1,852,720 »	68,391,170 »
1843	2,826,600 »	74,148,998 »
1844	2,742,260 »	69,134,980 »
1845	119,140 »	89,967,609 »
1846	2,086,420 »	47,886,145 »
1847	7,706,020 »	78,285,157 »
1848	39,697,740 »	119,731,095 »
1849	27,109,560 »	206,548,663 »
Total. .	84,140,460 »	754,093,817 »
Ensemble. . . .	838,234,277 »	

Dans la seconde période, de 1850 à 1857, la fabrication monétaire s'élève à 3 milliards 73 millions, au quadruple de la période précédente, et les rôles des deux métaux sont renversés. C'est la monnaie d'or qui domine, elle entre dans la fabrication totale pour 9 dixièmes, la monnaie d'argent ne s'y montre que pour 1 dixième.

Deuxième période.

ANNÉES.	OR.		ARGENT.	
1850	85,192,390	»	86,458,485	»
1851	269,709,570	»	59,327,308	»
1852	27,028,270	»	71,918,445	»
1853	312,964,020	»	20,099,488	»
1854	526,528,200	»	2,123,887	»
1855	447,427,820	»	25,500,305	»
1856	508,281,995	»	54,422,214	»
1857	572,561,225	»	3,809,611	»
Total. .	2,749,693,490	»	323,659,743	»
Ensemble . . .	3,073,353,233	»		

Deux milliards 368 millions de monnaie d'or jetés dans la circulation en cinq ans, contre 106 millions seulement de monnaie d'argent, c'est le remplacement de celle-ci par l'autre, évidemment.

Ce fait exorbitant, prodigieux, n'a pas échappé à la Cour des comptes, voici en quels termes elle s'en est expliquée dans son rapport à l'Empereur sur l'année 1854 :

« Cette année est celle qui, jusqu'à présent,
» a offert les *apports* les plus considérables en
» matière d'or aux changes des hôtels de Mon-
» naies ; les versements en matière d'argent ont
» au contraire beaucoup diminué, ainsi que le
» démontre le tableau suivant :

Matières versées au change.

OR.

En 1850	(valeur réelle)	115,422,000
En 1851	—	241,382,000
En 1852	—	26,462,000
En 1853	—	330,463,000
En 1854	—	514,942,000

ARGENT.

En 1850 (valeur réelle)		48,872,000
En 1851	—	57,249,000
En 1852	—	71,529,000
En 1853	—	19,887,000
En 1854	—	2,129,000

» Il résulte évidemment de ces faits, dit la » Cour, que la proportion antérieurement établie » entre la quantité d'or et d'argent sur laquelle » est basée la valeur relative des deux métaux, » a cessé d'exister, et qu'un kilogramme d'or » n'équivaut plus à 15 kilogrammes et demi » d'argent. Cette situation anormale n'a pas » échappé à l'attention du gouvernement. »

Cet avertissement de la Cour des comptes était bon, et valait la peine d'être pris au sérieux par la Commission des monnaies et par le ministère des finances.

En effet, depuis 1852 le commerce des métaux

précieux achète ou prime l'or à raison de 6 fr. pour mille et l'argent à raison de 26 ou 30 fr., soit 28 fr. en moyenne.

Il s'ensuit qu'au lieu de 3,444 fr. 44 c., le kilogramme d'or représente 3,465 fr. 10 c., et que le kilogramme d'argent, au lieu de 222 fr. 22 c., représente 228 fr. 40 c.

A ce dernier prix, 15 kilogrammes et demi

d'argent valent.	3,540	20
Le kilogramme d'or ne valant que.	3,465	10
Différence en faveur de l'argent.	75	10

Cette différence confirme la déclaration de la Cour des comptes, et met en évidence qu'en fondant la monnaie d'argent, et faisant monnayer de l'or en remplacement, on obtient un bénéfice de 65 fr. environ par kilogramme d'or, déduction faite, sur la différence ci-dessus, des frais de fonte et de transport à l'étranger de la monnaie d'argent, et de la retenue à payer au directeur de la fabrication pour le monnayage de l'or.

D'après les comptes généraux des finances, les matières d'or monnayées à Paris depuis six ans s'élèvent aux quantités ci-après :

En 1853	95,941	kil. poids du fin.
En 1854	149,499	—
En 1855	130,229	—
En 1856	148,154	—
En 1857	166,187	—
En 1858	95,705	(7 mois)
Total.	785,715	kil.

A raison de 65 fr. de bénéfice par kilogramme, le commerce des métaux précieux, aujourd'hui presque entièrement concentré à Paris, a retiré de sa spéculation sur les monnaies un profit de 50 millions (1) ; jusqu'à présent bien entendu,

(1) Non compris celui provenu de l'affinage des pièces aurifères et du triage des pièces lourdes.

car tous les jours encore ce commerce fait verser au change de l'hôtel de Paris des quantités considérables d'or; en sorte que, dans peu de temps, la monnaie d'argent aura complétement disparu, la monnaie d'or restera seule, privée de l'appui de la monnaie d'argent, son véritable étalon, c'est-à-dire en état de dépréciation vis-à-vis des monnaies étrangères; c'est le bon pays de France tout entier qui, en définitive, aura perdu l'enjeu gagné par les hommes des métaux précieux, à moins cependant que notre bel écu de 5 francs parti, dit-on, pour la Crimée, la Chine et l'Indoustan, ne juge à propos de revenir de ces lointains parages, et de reparaître dans la caisse à trois clefs de l'hôtel des Monnaies de Paris.

Quand l'exploitation des gisements aurifères de la Californie et de l'Australie a commencé à faire sentir son influence en Europe;

Lorsque la Commission des monnaies a eu connaissance que le commerce achetait l'or et l'argent avec prime, et qu'elle s'est aperçue que les apports au change ne se composaient plus que de matières d'or ;

Quand la douane constatait chaque jour le passage à l'étranger de notre monnaie d'argent en quantité assez considérable pour que, dans le cours de ces dernières années, il en ait été exporté 1 milliard 403 millions en espèces, et 542 millions réduits en masses et en lingots après triage et affinage ;

Quand ces circonstances anormales se sont produites, disons-nous, si alors MM. les commissaires généraux des monnaies, officiers généraux des douanes et des finances, eussent daigné descendre de leur piédestal et avertir le ministre de ce qui arrivait, Son Excellence infailliblement se serait empressée de provoquer d'urgence les dispositions législatives ci-après :

1° Le monnayage de l'or est suspendu ;

2° La loi du 10 juillet 1791, qui prohibe formellement l'exportation de la monnaie légale ayant cours, recevra immédiatement sa pleine et entière exécution ;

3° L'exportation par le commerce de la monnaie au coin de France, est assimilée au fait de contrebande par attroupement et à main armée, et sera punie de la même peine ;

4° Les articles 136 et 137 du Code pénal abrogés par la loi du 28 *avril* 1832, sont rétablis ;

5° L'article 2 de l'ordonnance du 8 *juillet* 1814 est rapporté ;

6° Sont radiés et annulés dans les lois du 17 *décembre* 1814 et 28 *avril* 1816 les articles du tarif des douanes, qui admettent à l'entrée et à la sortie, moyennant un droit de balance, les monnaies françaises et étrangères ;

7° Primer les monnaies, c'est en altérer la valeur légale, en conséquence la vente des monnaies entre particuliers est derechef interdite à peine d'un an à cinq ans d'emprisonnement, et d'une amende proportionnée au dommage causé à la chose publique.

Les dispositions législatives de 1814, 1816 et 1832, qu'on vient de rappeler et qu'on propose d'annuler, se reportent par leurs dates aux jours les plus funèbres de notre histoire, lorsque la France était envahie jusqu'à la Loire par les armées de l'Europe entière coalisée contre nous, et plus tard lorsque des émeutes journalières consternaient la capitale, et que le choléra asiatique décimait la population et promenait sa faux meurtrière et inexorable dans nos départements. Le moment était bien mal choisi pour faire de nouveaux règlements sur les monnaies, et s'il n'est pas permis de dire que ces actes ont été obtenus subrepticement et par surprise, à la faveur du fléau et des malheurs qui pesaient alors sur la France, on est au moins fondé à penser qu'ils n'ont pas subi l'épreuve d'un examen attentif et d'une discussion suffisamment calme, sérieuse et réfléchie.

Que l'or et l'argent brut, en masse ou en lingots, bijoux cassés, cendres, regrets d'orfévre, soient considérés comme marchandise et fassent l'objet des spéculations du commerce, rien de mieux; mais quand ces métaux précieux sont convertis en monnaie légale, frappée au coin de la loi et à l'effigie du prince ; que cette monnaie a été livrée à la foi publique pour servir à l'échange de toutes les richesses sociales, de mesure à toutes les valeurs, à toutes les consciences, à tous les services, aux travaux de l'homme physique et à ceux de son intelligence ; qu'elle est devenue l'âme et l'élément de vie du corps social, l'instrument créateur sans lequel l'activité humaine ne peut ni s'exercer ni se développer, c'est évidemment un crime contre la chose publique que de l'exporter, de la détruire, de l'altérer et de la contrefaire.

La monnaie en circulation est une propriété commune et qui n'appartient à personne en particulier (1); on n'en est jamais que détenteur

(1) Code civil, art. 714.

temporaire. Il n'est pas plus permis d'accaparer la monnaie que les substances alimentaires, et si l'on tolère que des banques en accumulent une grande quantité, c'est à la condition expresse et *sine qua non* de la prêter à long terme et à bon marché à ceux auxquels elle est nécessaire et indispensable ; c'est à la condition de n'en retirer jamais, et sous aucun prétexte, un loyer usuraire, c'est-à-dire qui dépasse le taux fixé par la loi, et surtout de n'en pouvoir tenir en réserve une quantité assez considérable pour entraver ou paralyser l'action de la population productive du pays.

La fonte de la monnaie est l'altération la plus coupable qu'on puisse lui faire subir, attendu qu'étant toujours une pièce d'or ou d'argent dont le poids détermine la valeur en francs, le commerce, en présence de l'immuabilité du type et du rapport de valeur de l'or à l'argent, ne peut spéculer sur la monnaie qu'en fondant l'un des deux métaux employés à sa fabrication et en le remplaçant par l'autre.

La monnaie, une fois mise à l'abri de la fonte et de toute autre altération, les deux métaux peuvent alternativement surabonder, mais ne peuvent jamais changer de valeur, puisque c'est toujours un poids invariable de 5 grammes d'argent à 9 dixièmes de fin qui fixe et mesure cette valeur.

La fonction sociale que la monnaie remplit est immense ; pour s'en faire une idée exacte, il suffit de se représenter l'état d'une société quelconque où la monnaie aurait tout à coup disparu. Il ne faudrait pas trois jours pour que cette société ne fût plus qu'un vaste champ de désordre, de pillage, de meurtres et d'incendies, car le temps manquerait évidemment pour parer aux terribles éventualités qui surgiraient instantanément sur tous les points du territoire (1);

(1) La présence de la monnaie sur tous les points d'un pays est la plus sûre garantie de l'ordre et des lois.

aussi, dans tous les temps et chez tous les peuples, les hommes d'État ont reconnu l'impérieuse nécessité de sauvegarder la monnaie par les peines les plus sévères, et de la mettre à l'abri de la fonte, de l'exportation, du marchandage et de toute altération dans sa forme, son titre, son poids, sa valeur légale et son empreinte.

IV

Si nous remontons aux règnes de nos anciens rois, nous trouvons les édits de 1701 et de 1726, les arrêts de la Cour des monnaies du 11 mars 1730 et du 30 septembre 1782, qui défendent, sous les peines les plus sévères, la démonétisation, le triage et le billonnage des monnaies.

La loi du 10 juillet 1791 prohibe le transport à l'étranger des espèces monnayées qui ont cours dans le royaume.

Celle du 3 septembre 1792 déclare que la fabrication de la monnaie *appartient au souverain, que l'intérêt national exige de conserver cette propriété, et d'empêcher des particuliers d'en partager les avantages.* En conséquence, elle punit de quinze années de fers ceux qui fabriqueraient et feraient circuler dans le royaume des monnaies de métal, sous quelque forme et dénomination que ce soit.

La loi du 28 ventôse an IV, article 15, « prohibe la vente des monnaies d'or et d'argent » entre particuliers (c'est la prime).

» La loi du 14 germinal an XI, article 5, punit » de mort les auteurs, fauteurs et complices de » l'altération et de la contrefaçon des monnaies » nationales (signé Bonaparte, Ier consul).

» L'article 132 du Code pénal punit des » travaux forcés à perpétuité quiconque aura » contrefait ou altéré les monnaies d'or ou » d'argent ayant cours légal en France, ou » participé à l'émission ou exposition en France » desdites monnaies contrefaites ou altérées, » ou à leur introduction sur le territoire fran- » çais.

» L'article 136 punit d'un emprisonnement » d'un mois à deux ans ceux qui, ayant connais- » sance d'une fabrique ou d'un dépôt de mon- » naies contrefaites ou altérées, ne l'auront » pas révélé dans les vingt-quatre heures aux » autorités administratives ou de police judi- » ciaire.

» Enfin, l'article 134 punit des travaux forcés » à temps tout individu qui aura, en France, » contrefait ou altéré des monnaies étrangères, » ou participé à l'émission ou introduction en » France *de monnaies étrangères* contrefaites ou » altérées. »

Cette législation n'est pas irréprochable : plusieurs des défenses et prohibitions qu'elle prononce manquent de sanction pénale, mais cependant elle renferme les deux dispositions fondamentales de toute législation monétaire.

L'altération de nos monnaies à l'étranger n'était pas possible, puisqu'il était interdit de les y transporter (1); et quant à l'altération pratiquée clandestinement, l'obligation imposée, à peine d'emprisonnement, à tous ceux qui avaient connaissance de cet acte criminel, de le révéler dans les vingt-quatre heures, offrait un danger imminent, devant lequel les fondeurs, billonneurs et faux monnayeurs, s'arrêtaient

(1) La monnaie est spéciale aux pays, villes et terres de l'obéissance du prince à l'effigie duquel elle est frappée. C'est dans ce pays seul qu'elle a cours légal et forcé; ce ne peut donc être que dans un but frauduleux ou coupable qu'on la transporte à l'étranger.

forcément. Ce sont précisément ces deux obstacles essentiels que les dispositions législatives de 1814, 1816 et 1832 ci-dessus rappelées, ont fait disparaître.

V

Pour se rendre un compte exact du développement que le commerce des métaux précieux a pris dans le cours de ces dernières années, il suffit d'examiner attentivement le relevé ci-joint établi sur les tableaux officiels des douanes.

Exportation.

ANNÉES.	OR.		ARGENT.		
	Brut en masses et lingots.	Monnaies d'or.	Brut en masses et lingots.	Monnaies d'argent.	
1846	11,622,072	5,005,200	13,620,880	46,466,101	
1847	8,403,429	25,314,900	16,552,440	68,127,778	
1848	2,781,000	3,101,826	822,600	18,573,750	
1849	414,600	5,230,200	2,609,800	44,237,260	
1850	31,554,000	12,491,700	10,474,880	71,834,020	
1851	14,388,900	16,835,400	33,006,620	67,674,200	1re période.
	69,164,001	67,979,226	77,087,220	316,913,109	531,000,000
1852	10,940,700	31,334,700	28,088,580	154,486,140	
1853	5,434,200	24,294,300	40,981,740	188,471,740	
1854	8,601,900	55,971,000	72,451,540	191,090,660	
1855	4,869,000	157,598,400	76,673,140	241,377,900	
1856	587,700	89,160,000	139,191,980	254,326,580	
1857	3,318,120	159,552,496	152,044,420	306,044,664	2e période.
	33,751,620	517,907,596	509,431,400	1,335,797,684	2,397,000,000
Total.	102,915,621	585,886,822	586,518,620	52,710,793	

Importation.

1846	4,056,000	3,841,905	25,723,392	81,135,277	
1847	5,486,235	15,551,073	48,894,173	89,413,104	
1848	4,385,547	39,376,941	39,134,037	194,177.769	
1849	4,634,400	7,274,700	62,527,940	228,886,820	
1850	29,753,100	31,281,900	24,648,060	130,245,300	
1851	22,240,800	93,585,300	20,634,560	157,995,240	1re période.
	70,556,082	190,911,819	221,582,162	881,853,510	1,366,000,000
1852	19,234,200	39,946,500	21,584,720	158,272,740	
1853	261,231,900	57,554,700	16,571,500	95,996,540	
1854	368,189,700	112,504,800	12,221,420	87,627,060	
1855	274,783,200	106,126,800	42,925,140	77,966,260	
1856	272,994,900	192,006,300	11,630,700	98.264,600	
1857	290,483,070	278,209,209	18,336,495	79,933,145	2e période.
	1,486,916,970	786,348,309	123,269,975	598,060,345	2,994,000,000
Total.	1,557,473,052	977,260,128	344,852,137	1,479,913,855	
Exportation.	102,915,621	585,886,822	586,518,620	1,652,710,793	
Ensemble.	1,660,388,673	1,563,146,950	930,370,757	3,132,624,648	

Mouvement général d'entrée et de sortie. 7,286,531,028

Ce relevé présente le mouvement commercial d'entrée et de sortie des matières d'or et d'argent, et des monnaies entre la France et l'étranger, de 1846 à 1857 inclusivement.

On voit que dans la première période de 1846 à 1851, il est sorti de France, en monnaies et lingots d'or et d'argent, pour 531 millions, et dans la période suivante, de 1852 à 1857, pour 2 milliards 397 millions ; en d'autres termes, que le mouvement de sortie a quintuplé d'une période à l'autre.

On voit aussi qu'il est entré en France, de 1846 à 1851, pour 1 milliard 366 millions des mêmes matières et monnaies, et dans la seconde période, pour 2 milliards 994 millions, c'est-à-dire que le mouvement d'entrée a plus que doublé d'une période à l'autre.

On voit enfin que le mouvement général d'entrée et de sortie, depuis douze ans, se représente par une somme totale de 7 milliards 286 millions et demi, et que les monnaies entrent dans ce chiffre pour 4,695,771,598, c'est-à-dire pour moitié et 1 milliard en sus.

D'où il ressort que, grâce aux tarifs des douanes de 1814 et de 1816, qui ont atrophié et démantelé notre législation monétaire, toutes les monnaies de l'Europe entrent de plain-pied en France, dans leur costume légal et officiel, et viennent sans difficulté se mettre en fusion dans les creusets et les bassins d'affinage de Paris; que, réciproquement, les monnaies au coin de France vont faire le même plongeon à Bruxelles, à Londres, à Madrid, à Vienne, à Berlin, à Berne, à Genève, à Naples, Turin et autres lieux.

Les hommes de métaux précieux, de banque et de finance voient dans cet état de choses le plus bel idéal qu'on puisse se former sur la liberté du commerce; nous y voyons, nous, la ruine et la subversion de la société politique dans un de ses éléments constitutifs les plus essentiels.

Non, cent fois non, l'or et l'argent (monnaie) ne sont pas marchandise, ils ne l'ont jamais été, et ne le seront jamais. La monnaie étant le signe d'échange, la mesure de valeur de toutes les marchandises, ne peut pas être une marchandise elle-même (1).

L'or et l'argent (métaux) en barres, en masses, en lingots, c'est tout différent; de ceux-là faites-en métier et marchandise, faites-en tout ce qu'il vous plaira, composez-en votre vaisselle de table, de toilette et de cuisine, dorez et argentez vos carrosses, depuis le timon jusqu'au marchepied, vos yachts de plaisir, depuis l'éperon jusqu'au gaillard d'arrière, émaillez-vous d'or, galonnez-vous de la tête aux pieds, nous y consentons de grand cœur; mais quant à la monnaie, vous ne l'accaparerez pas, vous ne l'affinerez

(1) Nummus quæsitus et comparatus est, ut *omnium rerum* quodam modo sit *medius et mensura* (Eticb., *Niccma*, lib. V, cap. VIII).

pas, vous ne la trierez pas, vous ne la billonnerez pas, vous ne la fondrez pas et vous ne l'altérerez, ni dans sa forme, ni dans son poids, ni dans son titre, ni dans sa valeur légale, ni dans son empreinte, à peine d'emprisonnement et des travaux forcés à temps ou à perpétuité.

C'est la loi.

Que dans l'état actuel de notre législation monétaire vous soyez à l'abri de toute recherche de la part de la justice criminelle, que même la question de bonne foi et d'honneur ne puisse être posée contre vous, nous sommes disposés à en convenir ; mais, d'un autre côté aussi, nous croyons qu'il serait parfaitement juste de vous obliger à réparer le dommage que vous avez causé à la chose publique, dommage égal au bénéfice réalisé par vous au moyen de la fonte et de l'exportation de la monnaie d'argent et de son remplacement par la monnaie d'or.

Cette restitution serait calculée à raison de 2 pour 100 sur 3 milliards d'espèces d'or qui vous ont été délivrées, depuis le 1er janvier 1851 jusqu'à ce jour.

La somme de 60 millions à provenir de cette restitution profiterait à la dotation du peuple pour la partie qui n'aurait pas été employée à couvrir les frais du rétablissement des 3 milliards de monnaie d'argent qui ont disparu.

VI

Dans le compte rendu à l'assemblée générale des actionnaires de la Banque de France, et inséré au *Moniteur de l'empire*, du lundi 9 février 1857, le gouvernement de la Banque attribue la dispersion du numéraire à l'influence des mauvaises récoltes, de la cherté des denrées alimentaires et des grands travaux qui se font à l'intérieur et à l'étranger. La Chine et l'Indoustan surtout, dit le rapporteur, attirent des sommes considérables, accrues cette année par les demandes de soie. Ces envois, faits dans des contrées qui n'admettent que la monnaie d'argent, contribuent beaucoup à raréfier en France les écus de 5 francs.

De 1851 à 1857, il est effectivement sorti de France, à la destination de l'Inde anglaise, une somme de 30 millions en argent (monnaie), et une autre somme de 29 millions en argent (métal); total, 59 millions. Le commerce de soie (1) de la France avec le Levant est tout à fait insignifiant. Il est donc difficile d'admettre que ces exportations d'argent aient eu pour objet de satisfaire aux demandes de cette marchandise; il est plus vraisemblable qu'elles ont eu lieu pour le compte de l'Angleterre.

Voici, au surplus, ci-contre les destinations

(1) Tissus.

auxquelles notre monnaie d'argent a été exportée de 1851 à 1857, et les provenances des matières et monnaies d'or importées en France dans le cours de ces mêmes années.

Émigration de l'argent.

PAYS DE DESTINATION.	ARGENT MONNAIE.	ARGENT MÉTAL.
Espagne	306,226,420	
Angleterre	243,290,220	279,910,400
Belgique	232,328,360	177,380,700
Suisse	160,525,680	
États sardes.	130,338,620	
Deux-Siciles	75,839,200	22,876,600
Algérie.	73,662,420	
Indes anglaises . . .	30,024,900	29,474,540
Réunion	19,571,600	
Turquie.	14,555,940	
États barbaresques .	10,917,200	
Égypte	4,569,800	741,600
Associat. allemande.	3,519.000	7,971,880
États romains. . . .	. . . .	3,774,740
Toscane	. . . .	1,577,200
Chine	. . . .	1,393,000
Autres pays	98,102,520	17,337,360
Total. . . .	1,403,471,880	542,438,020
Ensemble. . . .	1,945,909,900	

Retour en monnaies et lingots d'or.

PAYS DE PROVENANCE.	OR MONNAIE.	OR MÉTAL.
Angleterre	386,408,700	1,402,805,200
Belgique	139,773,300	21,972,070
États-Unis	89,166,600	60,486,000
Espagne	24,404,400	
Turquie.	66,859,800	
Assoc. allemande . .	77,979,000	713,700
États sardes	39,956,400	
Égypte.	5,647,800	
Toscane	3,687,900	
Côte d'Afrique . . .	. . . .	219,900
Autres pays.	46,049,700	22,960,900
Total. . . .	879,933,600	1,509,157,770
Ensemble.	2,389,091,370	

On voit par ces relevés, établis sur les tableaux officiels du commerce, que l'exportation de l'argent s'élève à 1,946,000,000 ; et l'importation de l'or à 2,389,000,000, que ce dernier chiffre coïncide avec celui de la monnaie d'or fabriquée de 1853 à 1857 par les hôtels de Paris, Lyon et Strasbourg ; que la spéculation sur nos monnaies s'est concentrée entre la France et les États limitrophes : l'Espagne, l'Angleterre, la Belgique, la Suisse, la Sardaigne, Naples et l'Algérie ; que les deux grands points d'appui de cette spéculation sont les villes de Londres et de Paris ; la première, le grand marché de l'or ; la seconde, le grand marché de l'argent ; et, enfin, que l'extrême Orient, la Turquie d'Asie, la Perse, la Chine et l'Indoustan ne sont pour rien dans notre mésaventure monétaire.

Peu de jours se sont écoulés depuis que les plénipotentiaires des grandes puissances de l'Europe étaient réunis à Paris pour régler le régime politique et administratif de deux petites provinces qu'on aperçoit à peine sur la grande carte du monde ; ne serait-il donc pas possible de profiter de la réunion des hommes d'État les plus éminents, pour soumettre à la même loi et aux mêmes principes les banques et les monnaies de toutes les nations, et pour mettre un terme à l'état de ruine et de désordre vers lequel les hommes de métal, de banque et de finances entraînent les divers peuples de l'Europe et des deux Amériques?

La France, dans la situation monétaire qu'on lui fait en ce moment, aurait un grand intérêt à la réunion du congrès international dont il s'agit; encore quelques mois, elle sera privée à peu près en totalité de sa monnaie d'argent, elle n'aura plus que des pièces divisionnaires de ce métal, 680 millions de billets fiduciaires, 3 milliards de monnaie d'or et 48 millions de monnaie de cuivre; en d'autres termes, elle se trouvera jetée à cet égard en dehors de ses conditions naturelles, et qui sont celles de toutes les nations continentales, fixes, assises et qui vivent sous la loi de leur unité territoriale.

La monnaie d'argent, en raison du rapport de son poids à sa valeur, est la véritable monnaie des peuples, celle qui se prête le mieux aux usages et aux besoins journaliers des populations. Il n'en est pas de même de la monnaie d'or, celle-ci a une destination accessoire, exceptionnelle, extra-usuelle, pour ainsi dire, qui dérive de ce qu'un petit poids de cette monnaie représente une grande valeur.

L'or est la monnaie de plaisir des classes oisives et opulentes, des gros payements, des grandes affaires, des grandes réserves métalliques, du voyageur, de l'homme de guerre, des populations nomades et vagabondes, de l'Arabe, qui transporte sa tente tantôt sur un point du désert, tantôt sur un autre, épiant le retour des caravanes, et qui n'a d'autre fortune que son cheval, ses armes et l'or qu'il porte dans sa ceinture.

C'est aussi la monnaie de prédilection des

larronneaux qui, chargés d'un petit poids qui ne les gêne en rien dans leur fuite, cachent et emportent néanmoins avec eux une grande valeur et gagnent plus facilement la frontière.

Depuis quelque temps, on s'est avisé de frapper à Paris des pièces d'or de cinq francs du poids de 1 gramme 613 milligrammes. Cette pièce impalpable échappe, glisse et tombe sans que le bruit de sa chute révèle sa perte, et le soir bien souvent elle se donne et s'accepte pour une autre pièce de monnaie qui n'a que le dixième de sa valeur.

Les plus petites pièces d'or connues sont : le demi-sequin de Toscane, le demi-ducat de Suède, les huit testons de Portugal et le demi-sequin de Clément XIV, qui toutes cependant sont d'un poids supérieur à celui de notre pièce d'or de cinq francs. Cette piécette microscopique a pu plaire un instant par sa nouveauté, mais tout le monde aujourd'hui en reconnaît les inconvénients, et commence à s'apercevoir que cette espièglerie monétaire pourrait bien ne pas être l'innovation la plus utile et la plus lumineuse du XIXe siècle.

VII

Quand nous nous plaignons de ce qui se passe en France au point de vue des monnaies, les métaux précieux et leurs adhérents nous citent l'exemple de l'Angleterre.

Nous voilà effectivement amenés au même point que nos voisins d'outre-mer : monnaie d'or, billets de banque, pièces divisionnaires d'argent et monnaie de cuivre.

Mais l'exemple n'est pas concluant.

L'Angleterre est la nation exceptionnelle des deux hémisphères ; sa métropole est en Europe, mais sa puissance est éparse dans les cinq parties du monde. Les intérêts de cette grande et courageuse nation ne sont pas identiques avec ceux d'aucun autre peuple. Ils leur sont plutôt opposés. Quand l'Angleterre se jette dans un courant, la France, éclairée par une longue expérience, doit suivre le courant contraire, à peine de manquer aux lois de la sagesse et de la prudence.

Imitons l'Angleterre dans les arts et les procédés de fabrication qui l'ont placée au premier rang des nations industrielles ; mais cette imitation doit être sincère, réfléchie, et ne pas dégénérer en singerie maniaque, ni servir de manteau à des spéculations habiles et hardies.

La France, d'ailleurs, n'est à la remorque d'aucune autre nation, quelque puissante et glorieuse qu'elle puisse être.

Nous aimons et nous estimons nos voisins, nous admirons et nous envions leur constance inébranlable à conserver intactes leurs franchises et leurs libertés. La fière et noble Angleterre, cette terre libre et hospitalière, a toutes nos sympathies, mais nous en différons essentiellement par notre position géographique et continentale, par le climat, les mœurs, le caractère, les produits de notre sol, et, depuis peu, par la forme de notre gouvernement.

La moitié de la population active de l'Angleterre est toujours sous voiles, faisant route pour le cap Breton ou pour celui de Bonne-Espérance; sur dix pavillons qui sillonnent les flots de l'Atlantique, il y en a neuf au léopard qui font voile pour Gibraltar, pour Malte, pour

Ceylan, Bombay ou Calcutta, pour l'Indo-Chine; la Nouvelle-Galles ou pour la terre de Van-Diémen.

La monnaie de l'Angleterre, c'est l'or.

La monnaie de la France, c'est l'argent.

Tout a sa destinée sur la terre, marquée d'avance par le Souverain maître des peuples et des rois.

Nous ne sommes pas des insulaires, des navigateurs de naissance, des trafiquants cosmopolites, des dominateurs de l'Inde. Nous ne vivons pas dans les mines, dans la houille, dans le cambouis des manufactures, ni dans des coques flottantes, ni sous la voile.

Nous ne sommes pas des milords.

Nous sommes des paysans, rivés au sol qui nous a vus naître; nous vivons sous la treille avec Bacchus, Cérès, les Jeux et les Ris.

Nous sommes ces paysans qui, sous un ciel pur et sans nuages, aux premiers rayons du soleil, s'élancent et se répandent dans les plaines fertiles de la Beauce, de la Picardie, de la Normandie, de l'Armorique, de l'Alsace et de la Lorraine, et sur les côteaux parfumés de la Provence.

Nous sommes des Bretons, des Francs et des Gaulois; nous poursuivons le cerf, le daim, l'isard et le chamois.

Nous sommes des ouvriers, des canuts, nous vivons dans la soie; c'est nous qui brochons et façonnons ces tissus merveilleux qui s'exportent dans le monde entier, et qui font rentrer en France, tous les ans, pour 200 millions d'or et d'argent (1).

Nous sommes les paysans de Paris, de l'Auvergne et du Limousin, qui viennent de construire la réunion du Louvre aux Tuileries.

Nous sommes de notre pays.

Nous sommes les civilisateurs des États barbaresques, les matelots du *Vengeur*, les paysans

(1) Voy. Éclaircissements, II, p. 137.

de Bouvines et de Fontenoy, d'Austerlitz et de Marengo.

Il nous faut notre monnaie d'argent; il nous en faut pour 3 milliards en écus de 5 francs bien sonnants, bien trébuchants, et à la double effigie de la Déesse et de Napoléon III.

Il nous faut en outre pour 3 milliards de billets de la Banque nationale de France, faisant fonction de monnaie légale, gravés et tirés à l'hôtel des Monnaies de Paris et au filagramme du souverain, conformément à la loi du 3 septembre 1792.

Il faut que les comptoirs nationaux d'escompte, créés en 1848, se constituent avec un capital métallique suffisant, pour qu'en y ajoutant une somme double en billets de la Banque nationale, ces comptoirs fonctionnent avec une force proportionnée au mouvement commercial et industriel des villes où ils sont établis (1).

(1) Le lecteur trouvera l'explication de ces passages dans

Il faut aussi, et d'urgence, que le monnayage de l'or soit suspendu, que nos hôtels de Monnaies dans les départements soient conservés; il faut qu'ils cessent de faire la toile de Pénélope, et d'être livrés à l'initiative et aux spéculations des marchands d'or et d'argent.

Il faut enfin que la fabrication de nos monnaies soit exécutée aux frais de l'État, et que le système scandaleux de la fabrication à forfait et par entreprise soit immédiatement abandonné.

le livre ayant pour titre : *Dotation du peuple*, que l'auteur se propose de publier prochainement.

VIII

Le compte général des finances présente tous les ans et dans tous ses détails le mouvement de la fabrication des monnaies de l'année pour laquelle ce compte est rendu, et résume en outre, dans un tableau spécial, le total des espèces d'or et d'argent fabriquées selon le système décimal et livrées à la circulation depuis 1795.

Ce total s'élève, au 1er janvier de l'année courante (1858), à 8,563,713,882 fr. 20 c., et se divise par type ainsi qu'il suit :

OR.

1re république (Hercule)	» » »
Bonaparte et Napoléon Ier. . . .	528,024,440
Louis XVIII.	389,333,060
Charles X.	52,918,920
Louis-Philippe.	215,912,800
2e république (Hercule et l'ange)	56,921,220
— (déesse).	370,361,640
Louis-Napoléon.	12,618,750
Napoléon III.	2,319,173,340
Total.	3,945,264,170

ARGENT.

1re république (Hercule).	106,237,255	»
Bonaparte et Napoléon Ier. . . .	887,582,321	50
Louis XVIII.	614,668,520	»
Charles X.	631,914,637	50
Louis-Philippe.	1,750,273,238	50
2e république (Hercule et l'ange).	259,628,845	»
— (déesse).	199,619,436	60
Louis-Napoléon.	62,717,900	50
Napoléon III.	105,807,557	60
Total.	4,618,449,712	20

Ensemble : 8,563,713,882 fr. 20 c.

Cette même somme se décompose par pièce de monnaie d'or et d'argent de la manière suivante :

OR.

Pièces de 100 fr. . .	21,620,000
— de 50 fr. . . .	28,733,650
— de 40 fr. . . .	204,432,360
— de 20 fr. . . .	3,294,046,780
Piécettes de 10 fr. .	341,735,420
— de 5 fr. . .	54,695,960
Total pareil. . .	3,945,264,170

ARGENT.

Pièces de 5 fr. . .	4,434,018,005	»
— de 2 fr. . .	72,968,078	»
— de 1 fr. . .	72,278,938	»
— de 50 c. . .	36,296,424	»
Piécettes de 20 c.	2,888,267	20
Total pareil. . .	4,618,449,712	20

Cette situation de notre numéraire, sous le rapport de sa fabrication depuis 1795, est parfaitement exacte ; ces 8 milliards et demi de monnaie ont bien été fabriqués, mais qu'en reste-t-il dans la circulation ?

C'est quelque temps avant la conquête de l'Algérie, ordonnée par Charles X, roi de France et de Navarre, mort en exil, que le moyen de faire exactement le départ des métaux précieux par la voie humide a été trouvé ; par conséquent, toutes les monnaies d'argent des règnes antérieurs à 1830 étaient aurifères. La refonte et l'affinage des écus de 6 livres et de 3 livres ayant procuré de grands avantages aux directeurs des monnaies, les marchands d'or et d'argent, affriandés par l'exemple et affranchis de toute crainte par la loi de 1832 sur la révélation des fabriques et dépôts des monnaies altérées, se sont empressés de fondre et d'affiner les deux milliards de monnaie d'argent qui existaient à cette époque ; une bonne partie du milliard d'or appartenant aux mêmes règnes, a été emportée en 1814 et 1816 par les armées étrangères, et le reste affiné par le commerce. Les 2,400,000,000 frappés sous le règne de S. M. le roi Louis-Philippe et sous la République de 1848, ont été, comme nous l'avons déjà dit, emportés et réduits en lingots, et se trouvent remplacés par la monnaie d'or qui se fabrique depuis cinq ou six ans et qui à elle seule compose plus des trois quarts de notre circulation métallique actuelle.

Depuis plus de vingt ans que nos monnaies sont traitées comme marchandise, les mêmes métaux ont passé plusieurs fois sous le balancier de nos hôtels, gonflant ainsi fictivement le chiffre des 8,564,000,000 inscrit au dernier compte des finances.

Lorsque, par exemple, un million d'or en espèces neuves est délivré par la Monnaie, les billonneurs s'en emparent, font le triage des pièces lourdes, rejettent dans la circulation le demi-million de pièces légères, affinent et réduisent en lingot le demi-million de pièces lourdes, le reportent au monnayage et réalisent un premier bénéfice de 3,000 à 4,000 francs ; quand le demi-million leur revient en pièces neuves, ils procèdent sur ce demi-million comme sur le million entier, et réalisent un second bénéfice de 1500 à 1800 francs ; à la longue, et par suite de cette manœuvre, qui peut également s'exercer sur la monnaie d'argent, notre circulation n'est plus composée que de pièces légères et se trouve dépréciée ; enfin le commerce, quand des demandes d'or ou d'argent lui sont faites, satisfait à ces demandes, soit avec des monnaies, soit avec des lingots ; son choix dépend de l'élévation de la prime.

Au milieu de ce désordre et d'un pareil chaos, qui s'étend encore plus loin et plus haut que nous ne l'avons dit, il y a impossibilité de fixer avec la moindre certitude le chiffre de notre circulation métallique. Elle doit ou elle peut se composer des 3,200,000,000 d'or et des 106 millions de pièces divisionnaires d'argent fabriquées dans le cours de ces dernières années, et de 200 à 300 millions d'anciennes pièces dépréciées par le frai et par le triage qui en a été fait, ou parce que, dans l'origine, elles auront été fabriquées en faible, en tout 3 milliards et demi et 48 millions de monnaie de cuivre.

Chiffre ridicule à force d'être insuffisant, et s'élevant à peine au tiers de celui dont le mouvement social, commercial et industriel du pays a impérieusement besoin.

Depuis cinquante ans, la population de la France a augmenté d'un tiers ; cette population nouvelle trouvant le sol occupé a dû se jeter tout entière dans les arts et métiers, le commerce et l'industrie ; c'est cette force qui a décuplé la richesse mobilière du pays. Trois milliards et demi sont insuffisants comparativement à la richesse qu'ils doivent faire mouvoir et circuler, au travail et à l'activité qu'ils doivent alimenter. Aussi n'est-il sorte d'expédients auxquels on n'ait recours pour suppléer à cette insuffisance. Ici c'est le warrant qu'on imagine et qu'on emprunte à un autre pays ; là c'est le certificat de dépôt, ce sont des banques d'échange de valeurs à payer en produits ou des reçus-monnaies au moyen desquels on cherche à monétiser toutes les marchandises ; enfin, c'est la Banque de France elle-même qui, avec 200 millions de capital métallique et 600 ou 700 millions de billets fiduciaires, prétend pourvoir au mouvement commercial et industriel de la France entière ; de tous côtés, enfin, chimères, impuissance, déception, et, au milieu de cette pénurie, le chétif numéraire qui nous reste peut descendre encore plus bas qu'il n'est aujourd'hui.

Que dans quelque temps d'ici, en effet, le phénomène qui vient de se produire pour l'or se produise pour l'argent ; qu'il arrive, par exemple, que l'industrie minière et métallurgique parvienne à extraire l'argent du minerai sans employer le mercure, ou bien que de riches filons de ce métal, presque à l'état pur, soient découverts dans les flancs des Cordillères d'Anahuac ou de Sierra-Madre, ou dans les montagnes Rocheuses du Nouveau-Mexique ; enfin qu'un déluge d'argent vienne à son tour inonder l'Europe, l'or, devenu plus rare par rapport à l'argent, haussera de valeur, et l'argent, par l'effet contraire, perdra de la sienne.

Si alors, par exemple, un kilogr. d'or pur vaut dans le commerce 3,500 fr. au lieu de 3444 fr. 44 c. en monnaie, et que le prix de 1 kilogr. d'argent pur descende à 200 fr. au lieu de 222 fr. 22 c. en monnaie, voici ce que le premier marchand d'or venu ne manquera pas de faire :

Il prendra dans sa caisse ou dans la circulation la quantité de monnaie d'or nécessaire pour obtenir par la fonte et l'affinage un kilogr. d'or fin valant dans le commerce 3,500 fr., avec lesquels il se procurera 17 kilogr. 1/2 d'argent fin, qui lui seront comptés au change de la monnaie pour 19 kilogr. 444 milligr. au titre monétaire, et contre lesquels il recevra, huit jours après, à raison de 198 50 c. par kilogr., 3,859 fr. en pièces neuves vérifiées et jugées bonnes de titre et de poids par la commission des monnaies, ci 3,859 67

N'ayant pris dans sa caisse que . . . 3,500 »

il aura réalisé un bénéfice brut de (1) 359 67

Déduisant : 1° pour frais de fonte et affinage du kilogr. d'or recueilli dans la circulation ; 2° pour prime de 17 kil. 1/2 d'argent fin achetés au commerce ; 3° pour perte d'intérêts pendant quinze ou vingt jours, frais de transport, de négociation et autres, s'il y en a. . . . 59 67

Son bénéfice net sera de. . . . . . . 300 »

soit 17 fr. 14 c. par kil. d'argent fin.

(1) C'est le jeu qu'on peut toujours faire autour de l'immuabilité du prix des métaux fixé par la loi, *quand la monnaie n'est pas sauvegardée.*

Mais si, au lieu d'être un simple marchand d'or, le spéculateur en question est un grand capitaliste, un gros banquier, un roi de l'époque, et que, s'associant à d'autres princes de la finance, cette association métallique opère avec 1000 kilogrammes d'or et sur 17,500 kilogr. d'argent, qui en sont la contre-valeur, le bénéfice net de l'association sera, dans ce cas, de 300 mille francs; dans l'espace de quelques années, et lorsque 800 mille kilogrammes d'or fin seront remplacés par 14 millions de kilogrammes d'argent fin qui y correspondent, 2 milliards 800 millions de monnaie d'or auront disparu de la circulation et auront fait place à une somme égale en monnaie d'argent; l'association aura réalisé un bénéfice net de 240 millions; mais la richesse monétaire de la France aura perdu l'équivalent et se trouvera appauvrie d'autant.

IX

L'écart entre les deux métaux précieux, sur lequel est basé le calcul que nous venons de faire, ne peut-il se produire qu'à la suite de la découverte d'une riche mine d'argent au Mexique ou sur tout autre point du globe?

Ne peut-il pas aussi bien résulter d'un concert entre les deux grandes villes de Londres et de Paris, comme il arrive quelquefois pour le taux de l'escompte du papier de commerce et pour la hausse ou la baisse de la rente inscrite, et des autres valeurs cotées à la bourse?

La raison d'État permet-elle qu'il existe au sein d'une société quelconque une force assez puissante pour faire disparaître de sa seule autorité, et dans son seul intérêt, un des deux métaux qui servent à la fabrication de la monnaie et le remplacer par l'autre?

Est-il juste de dépouiller nos provinces des hôtels de Monnaies qu'elles possèdent depuis plusieurs siècles, et de ne conserver que celui de Paris, parce que le commerce des métaux précieux veut avoir sous la main son atelier monétaire, que cela est plus commode pour lui et donne plus de facilité à ses spéculations?

Enfin, l'administration des monnaies doit-elle être plus longtemps dans les attributions du ministre des finances, et ce grand intérêt national continuer à être sauvegardé par ce ministre?

Nous ne le pensons pas; ce qui arrive en ce moment et qui achève de s'accomplir, démontre au contraire qu'il est urgent de confier la surveillance et la garde des monnaies à une autorité qui relève directement de la couronne.

Le ministère des finances, composé de deux ministères qui, sous le premier empire, étaient distincts et séparés, est devenu, par l'effet de cette réunion, un colosse qu'un seul ministre, si favorisé qu'il soit des hommes et du ciel, ne pourra jamais maîtriser. Pour en faire disparaître les abus, notamment ceux qui découlent de la centralisation, il faut le diviser en deux et rétablir l'ancien ministère du trésor, en sorte que l'assiette et le recouvrement des impôts et revenus de l'État forment un service distinct et séparé de celui de la trésorerie, spécialement chargée de l'acquittement des dépenses publiques.

Il est de droit étroit que la recette et la dépense ne soient jamais placées dans la même main ; c'était là une des combinaisons de 1804 qui devait rester debout ; la Restauration, en la détruisant, a porté un coup funeste à un grand principe et à un grand intérêt public ; elle a donné au ministère des finances une force sans contre-poids, qu'une révolution seule peut ébranler, et encore passagèrement ; le géant reprend bientôt toute sa puissance et continue d'emporter, dans la sphère de son activité et de son égoïsme, les autres forces de l'État.

Le ministre des finances a dans ses attributions la Cour des comptes (1), les monnaies, la dette inscrite, une grande inspection générale, une

(1) C'est le principal justiciable de la Cour qui choisit ses juges.

caisse payante énorme, un mouvement général des fonds, une comptabilité générale, un contrôle central, une direction du contentieux, six grandes directions générales, contributions directes, cadastre, enregistrement, domaines, eaux et forêts, douanes, contributions indirectes et l'immense service des postes. Puis viennent des inspecteurs généraux, des directeurs généraux, des receveurs généraux, des administrateurs généraux, des secrétaires généraux, etc., tous richement apanagés et entourés d'un grand luxe administratif, qui force de fixer la dotation annuelle du ministère des finances à 7 millions et demi, chiffre qui dépasse les dotations réunies de sept ministères, et deux fois celle du ministère de la guerre; en sorte qu'au budget de la France, les généraux de l'écritoire ont le pas et le confort sur les généraux du champ de bataille.

Quelle machine! que de rouages à faire fonctionner régulièrement et à surveiller; et quel est le mortel intrépide qui pourrait songer à régler personnellement les actes et les mouvements de ce colossal état-major? Cette tâche, évidemment, est au-dessus des forces d'un seul homme (1).

Le ministère des finances, ainsi constitué, enveloppe de son autorité et de son influence la France tout entière, jusqu'au dernier village, par l'impôt et par plus de 30,000 fonctionnaires et agents qui relèvent de lui.

La Banque de France, de son côté, et au moyen de ses succursales, tient déjà sous la clef de ses caisses nos soixante plus grands départements, et la loi du 9 juin 1857 l'oblige à envahir le reste dans un délai déterminé.

Ces deux établissements, ces deux grands réservoirs de la majeure partie du numéraire existant, déjà unis entre eux depuis longtemps, et avec les grands capitalistes de Paris par les

(1) Voy. Éclaircissements, IV, p. 145.

opérations de trésorerie, par l'escompte des bons du Trésor, les dépôts de fonds, les soumissions d'emprunts et par la fabrication des monnaies, tiennent en leurs mains les destinées du pays; ils pourraient à un jour donné, et en se concertant, distribuer la crise ou l'abondance, le calme ou la tempête, la liberté ou la servitude suivant qu'ils le jugeraient utile et profitable à leur intérêt ou à l'accroissement de leur puissance.

S'il est un principe d'ailleurs que la France, éprouvée par soixante années de révolution, doive invinciblement observer, c'est celui de la division des pouvoirs; personne ne peut aujourd'hui nier ce principe et méconnaître cette grande vérité : « Que dans un État libre, il faut » que tous les pouvoirs se servent mutuellement » de frein et de limite, et soient ainsi forcés de » converger vers un seul et même but : celui » qui concilie le mieux les droits et la sûreté du » souverain avec les droits des citoyens et avec » les libertés publiques. »

Depuis trente ans déjà, la féodalité financière entraîne notre pays à son insu dans des voies qui ne sont pas les siennes. Cette féodalité, que nos pères n'ont jamais connue, vient depuis peu d'assurer sa domination pour quarante années encore, jusqu'à la fin du siècle.

Il ne faut pas un si long espace de temps pour nous amener au même état que l'Angleterre, c'est-à-dire à n'être plus qu'un immense peuple d'ilotes en haillons, tenus dans la misère, l'oppression et le servage par une oligarchie de sybarites.

Si cependant nos modernes économistes veulent absolument que la France soit moulée sur le même modèle que l'Angleterre, imitons cette grande nation dans la sagesse et le soin qu'elle a toujours mis à ne pas souffrir qu'il existe dans son sein une force qui, à un jour donné, puisse tenir sa puissance en échec et maîtriser sa volonté; imitons-la encore en maintenant intacts les droits et les libertés que nos soldats ont conquis et payés de leur sang sur vingt champs de bataille,

Dall' Alpi alle Piramide
Dal Mansanarès al Reno
Dall'uno all' altro mar.

VŒUX ET PRIÈRES.

1° Les articles 136 et 137 du Code pénal, abrogés par la loi du 28 avril 1832, sont rétablis.

2° L'exportation, par le commerce, des monnaies au coin de France, est assimilée au fait de contrebande par attroupement et à main armée, et sera punie de la même peine.

3° Sont radiés et annulés dans les lois des 17 décembre 1814 et 28 avril 1816, les articles du tarif des douanes qui admettent à l'entrée et à la sortie, moyennant un droit de balance, les monnaies françaises et étrangères.

4° La vente avec prime des monnaies entre particuliers est derechef interdite, à peine d'un an à cinq ans d'emprisonnement.

5° Le paragraphe 2 de l'article 139 du Code pénal est rectifié ainsi qu'il suit :

« Ceux qui auront contrefait ou falsifié, soit » des effets émis par le Trésor public avec son » timbre, soit des *billets de la Banque nationale*, » ou qui auront fait usage de ces effets et billets » contrefaits ou falsifiés, ou qui les auront intro- » duits dans l'enceinte du territoire français et » de l'Algérie,

» Seront punis des travaux forcés à perpé- » tuité. »

6° Il est de nouveau et expressément interdit d'exporter à l'étranger les monnaies nationales ayant cours légal, de les accaparer, de les fondre, de les contrefaire, de les affiner, trier, billonner, et de les altérer dans leur forme, leur titre, leur poids et dans leur empreinte, à peine d'emprisonnement ou des travaux forcés à temps ou à perpétuité, suivant les cas déjà déterminés par les lois existantes et par les édits royaux et arrêts de l'ancienne Cour des monnaies.

7° Il est pareillement interdit aux officiers généraux des douanes et des finances, sous peine de forfaiture, de jamais introduire dans les tarifs de douanes aucune disposition touchant les monnaies, et qui puisse suspendre ou détruire l'effet des lois fondamentales en cette matière.

8° L'article 3 de la loi du 10 prairial an XI, qui classe les monnaies dans les attributions du ministre des finances, est rapporté.

Sont également rapportés : 1° l'ordonnance du 26 décembre 1827 sur les monnaies; 2° les articles 1er, 4, 28, 31 et 32 de la loi du 24 germinal an XI, relatifs aux billets de banque; 3° enfin l'article 2 de la loi du 8 frimaire an IV, qui admet tout citoyen à faire convertir en monnaie des matières d'or et d'argent.

1° Il y a un grand maître des monnaies;

2° Le grand maître des monnaies est nommé directement par l'Empereur; il a rang de ministre, et ne peut être mis en accusation que par le Sénat.

Il est à vie, et réside à l'hôtel des Monnaies de Paris.

Son traitement annuel est fixé à 60 mille francs (1).

Le grand maître des monnaies règle par ses

(1) Un dixième de ce traitement est ajouté à son *income tax* et profite à la dotation du peuple.

arrêtés, et sur l'avis du conseil d'administration, tout ce qui n'est pas du domaine de la loi ou des décrets.

Il est chargé de veiller à la conservation des monnaies métalliques et des billets de la Banque nationale en circulation.

Les crimes et délits en matière de monnaies et de billets de banque sont poursuivis à sa requête sans préjudice de l'action directe du ministère public.

L'organisation des monnaies est replacée sous l'empire des dispositions combinées des lois du 22 vendémiaire an IV et du 10 prairial an XI; en conséquence, il y a un inspecteur général des monnaies; les caissiers des monnaies sont rétablis; leurs fonctions et celles des directeurs de la fabrication sont celles que déterminent les deux lois précitées.

Le système de la fabrication des monnaies à forfait et par en[illegible] aboli.

L'achat des métaux nécessaires à la fabrication des monnaies sera fait en France, ou à l'étranger, ou aux lieux d'origine par telle voie qu'il appartiendra et au cours du marché le plus avantageux. Le prix en sera payé comptant au jour de la livraison par le caissier de la Monnaie de Paris (1).

Les fonds seront fournis par la trésorerie nationale. Le Trésor (son compte de fonds) sera crédité du montant des fonds de subvention fournis aux caissiers des monnaies et débité du montant des espèces neuves délivrées en remboursement.

Au 31 décembre de chaque année le solde de ce compte devra toujours être égal au montant des matières restant dans les travaux des ateliers monétaires.

(1) La fourniture des métaux pourra aussi être adjugée à une compagnie sur soumissions cachetées avec publicité et concurrence et cahier des charges.

Il y a six hôtels de Monnaies : Paris, Lyon, Strasbourg, Bordeaux, Nantes et Alger.

Les monnaies frappées par l'hôtel d'Alger seront à la double effigie de l'Empereur et du prince-ministre.

A partir de 1859 le monnayage de l'or sera suspendu, et il sera procédé au rétablissement des 3 milliards de monnaie d'argent qui ont disparu.

L'opération sera faite et terminée dans l'espace de trois années.

Cette fabrication est répartie par milliard entre les six hôtels, ainsi qu'il suit :

Paris.	300,000,000
Lyon.	160,000,000
Strasbourg	160,000,000
Bordeaux.	160,000,000
Nantes.	160,000,000
Alger	60,000,000
Total. . . .	1,000,000,000

Les presses monétaires accumulées à l'atelier de Paris en vue de n'avoir qu'un seul hôtel des Monnaies, et qui y forment excédant, seront distribuées aux autres ateliers qui n'en sont pas suffisamment pourvus.

Les piécettes d'or de 5 et de 10 fr., et la piécette d'argent de 20 centimes sont démonétisées.

Elles seront reçues aux caisses publiques jusqu'au 1er juin pour leur valeur nominale; passé ce délai, elles ne seront plus reçues qu'aux hôtels des monnaies et pour le poids qu'elles auront conservé.

Il sera fabriqué immédiatement à l'hôtel des Monnaies de Paris, pour un milliard de billets de la Banque nationale, sous la lettre A, 1re série.

Ces billets seront au filagramme de l'Empereur. Ils ont cours légal et forcé comme la monnaie métallique, et mentionnent la date de la loi qui en aura autorisé la fabrication.

Il ne peut être fabriqué de billets de banque qu'en vertu d'une loi.

Chaque émission de billets est résumée dans un tableau descriptif qui fait suite à la loi, et qui est en outre inséré au *Moniteur officiel.* Ce tableau est contresigné par le grand maître des monnaies.

L'usage de couper les billets de banque est interdit, à peine d'amende et d'emprisonnement.

Les coupures d'un milliard en billets de banque sont celles ci-après indiquées :

	Nombre.	Valeur.
Billets de 1,000 fr.	400,000	400,000,000
Billets de 500 fr.	600,000	300,000,000
Billets de 200 fr.	1,000,000	200,000,000
Billets de 100 fr.	1,000,000	100,000,000
Total	3,000,000	1,000,000,000

La Banque de France échangera à bref délai les 700 millions de billets fiduciaires qu'elle a en circulation contre pareille somme en billets de la Banque nationale de France.

Elle fera transporter à l'hôtel des Monnaies de Paris, les planches, presses et tous les instruments ou ustensiles servant à la fabrication de ses billets (1).

Pour les 700 millions de billets nationaux qui lui seront remis, la Banque de France versera à la caisse du Trésor public, à raison de 4 pour 100 d'intérêt, une somme annuelle de 28 millions payables par trimestre.

Cette somme profitera à la dotation du peuple.

Les comptoirs nationaux du commerce, fondés en 1848 à Paris, Lyon, Marseille, Bordeaux, Nantes, le Havre, Poitiers, Orléans, Mulhouse, Rouen et autres centres du commerce et de l'industrie, sont tenus de se reconstituer à un capital

(1) Voy. Éclaircissements, V, p. 153.

actionnaire métallique, dont l'ensemble devra s'élever à 150 millions.

Le grand maître des monnaies est autorisé à remettre à ces comptoirs pour 300 millions de billets de la Banque nationale, répartis entre eux proportionnellement à leur capital métallique réalisé.

Les comptoirs nationaux du commerce verseront au Trésor et au crédit de la dotation du peuple, une somme annuelle de 12 millions payable par trimestre, pour intérêts des 300 millions de billets nationaux mis à leur disposition.

Il est ouvert au grand maître des monnaies, sur le budget, des voies et moyens de 1859, un crédit de 10,722,000 fr., dont il sera fait emploi ainsi qu'il suit :

PERSONNEL.

	Traitements.
	fr.
Le grand maître.	60,000
L'inspecteur général.	12,000
Trois administrateurs, juges des monnaies	36,000
Un chef de bureau, chargé de la comptabilité.	8,000
Un contrôleur de la fabrication des coins et poinçons	6,000
Un graveur.	8,000
Un artiste mécanicien.	6,000
Un vérificateur des essais.	8,000
Deux essayeurs à 6,000 fr.	12,000
Un aide essayeur	4,000
Un conservateur du musée monétaire. .	6,000
Un préposé à la réception des coins et poinçons.	4,000
Un inspecteur des essais pour la garantie	6,000
Un vérificateur idem.	3,000
Employés, peseurs, gardiens, concierges et gens de service.	75,000
A reporter. . .	254,000

Report. . . 254,000

Les fonctions de secrétaire général, garde des archives et dépôts, de directeur des essais, et de directeur à la fabrication des actions et billets de la banque nationale et des timbres-poste, sont confiées aux administrateurs juges des monnaies, suivant la distribution qui en sera faite entre eux par arrêté du grand maître.

Hôtel des Monnaies de Paris.

Le commissaire impérial de l'hôtel. . .	12,000
Le commissaire adjoint.	6,000
Le directeur de la fabrication.	10,000
Le contrôleur au change.	8,000
Le contrôleur au monnayage	8,000
Le contrôleur à la fabrication des actions et billets de banque, et des timbres-poste.	8,000
Le caissier.	10,000
Le sous-caissier.	6,000

A reporter. . . 322,000

Report. . . .	322,000

Hôtels de Lyon, Strasbourg, Bordeaux, Nantes et Alger.

Cinq commissaires impériaux, ordonnateurs secondaires des dépenses, à 10,000 fr.	50,000
Cinq directeurs de la fabrication, à 8,000 fr.	40,000
Cinq contrôleurs au monnayage, à 6,000 fr.	30,000
Cinq caissiers chargés du change, à 6,000 fr.	30,000
Total pour le personnel (1). . .	472,000

MATÉRIEL.

Entretien du mobilier, fournitures de bureaux, chauffage et éclairage, laboratoire des essais, atelier des billets, frais de coins, poinçons et viroles brisées, reproduction

A reporter. .	472,000

(1) Voy. Éclaircissements, III, p. 141.

Report. . . 472,000

des coins et poinçons des médailles, entretien des poids et balances, frais d'impression, habillement des gens de service, entretien et réparation des bâtiments, frais de transport des caisses et ballots, dépenses accidentelles et imprévues. 150,000

Dépenses diverses.

Frais de voyage de l'inspecteur général, frais de bureaux des commissaires impériaux, indemnités aux directeurs de la fabrication et aux caissiers pour risques et responsabilité, frais de tournées de l'inspecteur de la garantie et frais de bureaux des essayeurs, perte sur les échantillons de fabrication et sur les deniers courants, frais d'essai des monnaies étrangères. 100,000

A reporter. . 722,000

Report. . . 722,000

Rétablissement de la monnaie d'argent.

Frais de fabrication de 15 millions de kilogrammes d'argent au titre monétaire, y compris la perte sur l'emploi exclusif des tolérances en fort.	8,000,000
Primes pour achat de ces 15 millions de kilogrammes d'argent	22,000,000
Total.	30,000,000

Un tiers pour 1859. 10,000,000

Total. 10,722,000

Cette somme de 30 millions sera prélevée sur celle de 60 millions, à provenir de la réparation du dommage causé à la chose publique par la substitution de la monnaie d'or à la monnaie d'argent.

A défaut de ce fonds pour acquitter la dépense dont il s'agit, la dotation du peuple y pourvoira.

ÉCLAIRCISSEMENTS.

I

On distinguait autrefois deux espèces de remèdes : le remède de loi qui porte sur la quantité de fin que doivent contenir les espèces, et le remède de poids qui est relatif à leur poids.

On donnait ce nom à la permission accordée

aux directeurs des monnaies d'employer dans la fabrication des espèces une petite portion de fin ou de poids de moins que celle qui est fixée par les règlements, sans encourir la peine de l'amende : c'est une espèce de marge qu' ils ne pouvaient excéder, mais il leur était permis de l'employer en entier.

La différence qui résulte de l'emploi du remède de poids se nommait *faiblage*, et on donnait le nom d'*écharseté* à celle qui résulte de l'emploi du remède de loi.

Les espèces étaient droites de poids ou fortes ou faibles : elles étaient *droites de poids*, quand elles avaient précisément le poids prescrit par les règlements ; elle s taient fortes, quand elle s l'excédaient, et c'est ce qu'on appelait *forçage ;* dans le cas contraire, elles étaient *faibles.*

Il y avait deux sortes de faiblage et d'écharseté : un écu, par exemple, était faible ou échars *dans* les remèdes, si le directeur avait employé tout ou partie du remède de poids ou de loi ; il était faible ou échars *hors* des remèdes, quand le directeur avait excédé l'un ou l'autre de ces remèdes. (*Traité des monnaies*, par M. Abo de Bazinghem, édition de 1764, t. Ier, p. 384 ; t. II, p. 571.)

Le crime de fausse monnaie est un crime public que l'on commet en abusant de la monnaie en quelque manière que ce puisse être.

Ce crime peut être commis de plusieurs manières :

1° Quand on fabrique de la monnaie sans la permission du souverain, quoiqu'elle soit du poids et du titre ordonnés ;

2° Quand la monnaie est fausse par la matière ;

3° Quand on fabrique la monnaie en d'autres lieux que ceux établis pour sa fabrication ;

4° Quand on falsifie l'image du prince ou l'inscription qui y doit être ;

5° Quand on se charge sciemment de fausse monnaie pour l'exposer, et qu'on participe avec les faux-monnayeurs ;

6° Quand on rogne et que l'on altère la monnaie qui a été faite et marquée légitimement pour affaiblir le juste poids qu'elle doit avoir, ou quand on en achète les rognures, et qu'on participe avec les altérateurs ;

7° Quand ceux qui fabriquent la monnaie avec la permission du souverain, la font plus faible ou de moindre titre qu'il n'est porté par les ordonnances ;

8° Quand on réforme les monnaies *en fraude et pour son compte particulier ;*

9° Enfin quand on fond la monnaie ou que l'on difforme les espèces pour les employer en d'autres ouvrages. (*Ibid.*, t. Ier, p. 499 et 500.)

M Lemaître, dans son vingt-cinquième plaidoyer au sujet de la fausse monnaie, dit, pour en marquer les dangereuses conséquences :

« Que ce crime ne reçoit pas d'excuse ; qu'il

» viole toujours la majesté du souverain ; qu'il
» arrache un des fleurons de sa couronne ; qu'il
» rompt le lien du commerce ; qu'il altère la règle
» et la mesure de toutes les choses ; qu'il empoi-
» sonne une fontaine publique, et ne peut tom-
» ber que dans une âme basse. » (*Ibid.*, t. Ier,
p. 503) (1).

(1) Voy. le *Traité* de M. Abot de Bazinghem, aux mots ESPÈCES, EMPIRANCE, etc., etc.

II

De 1852 à 1857, la France a exporté 8,847,000 kilogrammes de soieries pures d'une valeur de 1,242 millions de francs, savoir :

	Poids.	Valeur.
En 1852.	1,219,716 k.	165,129,856 fr.
En 1853.	1,449,414	203,480,683
En 1854.	1,266,297	162,691,700
En 1855.	1,564,280	190,263,974
En 1856.	1,736,981	264,517,818
En 1857.	1,610,365	256,098,600
	8,847,053	1,242,182,631

C'est 200 millions d'or et d'argent, ou de valeurs et de marchandises équivalentes, que cette admirable industrie fait rentrer en France tous les ans. Nos ouvriers en soie n'en sont peut-être pas beaucoup plus riches. Il est donc bien juste que la dotation du peuple se charge d'acquitter le loyer de leur pauvre demeure.

Les principales destinations auxquelles nos soieries sont expédiées sont : l'Angleterre, la Belgique, la Suisse, l'Espagne, l'Association allemande, les États sardes, les États-Unis d'Amérique, l'Algérie, le Sénégal, le Maroc, le Chili, le Pérou, Cuba, le Brésil; le monde enfin, excepté le Levant, l'Asie et l'extrême Orient.

Les orientaux fabriquent aussi des soieries d'une grande perfection et d'une grande beauté, qui satisfont mieux que les nôtres à leurs goûts, à leurs mœurs et à leurs habitudes. A l'exception des crêpes de Chine et des foulards de l'Inde qui nous arrivent par la voie de l'Angleterre, le commerce des tissus de soie de la France avec le Levant est complétement nul.

Mais il n'en est pas de même des soies gréges et moulinées, des cocons, de la bourre en masse et du fleuret qui sont les matières premières de nos soieries.

De 1853 à 1857 inclusivement, il a été importé en France 20,942,000 kilogrammes de ces matières :

Dans ce chiffre, l'Angleterre, ou plutôt l'Inde anglaise,

entre pour.	6,465,000
Les États sardes pour.	5,285,000
La Turquie pour.	4,310,000
La Suisse pour.	2,045,000
La Grèce, les Deux-Siciles, l'Espagne, la Toscane, l'Égypte et quelques autres pays pour le reste	2,837,000
	20,942,000

Nous persistons néanmoins à penser que 6 millions de kilogrammes de soies gréges et moulinées et de fleuret entrées en cinq ans n'ont pu contribuer d'une manière bien sensible à raréfier en France les écus de 5 francs.

Il est plus vraisemblable que les 59 millions d'argent sortis de France à la destination des Indes sont le prix d'achat de roupies du grand Mogol, dont le change en France présente de grands avantages.

III

Les allocations relatives au personnel dont on propose de composer le budget des dépenses de l'administration des monnaies paraîtront peut-être empreintes d'un certain caractère d'exagération ; mais il importe de ne pas perdre de vue qu'il s'agit d'un budget de début, que le grand maître des monnaies en conseil d'administration pourra et devra réviser et réduire même s'il y a lieu, de manière que les fonctionnaires supérieurs et secondaires soient tous honorablement rémunérés, mais sans abus, ni aucun de ces excès qui puissent rappeler le souvenir du scandale des fonctions à remises ou par entreprise.

D'ailleurs une partie notable de ces allocations n'est pas payée aux ayants droit, bien qu'ils en donnent quittance ; elle est versée directement en numéraire tous les mois à la caisse générale des fonctionnaires de l'État.

Cette caisse est d'institution privée, sociale, et ne relève d'aucune autorité gouvernementale. Elle est établie sur le modèle et d'après les mêmes statuts que celle fondée en 1819 par la Compagnie d'assurances générales sur la vie ; cette Compagnie elle-même pourrait être choisie par l'assemblée générale des fonctionnaires.

Pendant cinq, six, ou sept ans, la somme

de 23,700,000 fr., inscrite au budget de 1859 pour le payement des pensions civiles, lui serait versée, plus celle en capital et intérêts retenue jusqu'à ce jour aux fonctionnaires en activité de service. Le compte individuel de ces fonctionnaires serait dès à présent crédité, suivant leur âge et le nombre des années qu'ils ont déjà consacrées au service de l'État, du montant du capital qui leur appartiendrait, si, au début de leur carrière, ils eussent été placés sous le régime dont il s'agit.

Au moyen de cette combinaison, l'État cesse de devoir et de payer aucune pension civile, dans cinq ou six ans, la somme de 23,700,000 fr. disparaît du compte de la dette publique et profite alors à la dotation du peuple; les fonctionnaires parvenus au terme de leur carrière administrative ou à l'âge convenu et consenti par eux avec la compagnie, au lieu d'une pension éphémère qui s'éteint avec eux, reçoivent un capital qui devient l'héritage impérissable de leurs femmes et de leurs enfants, et il ne reste au budget de la France aucune trace du système ignoble, usuraire et exploiteur des pensions de retraite, système d'équarrisseurs de chair humaine, calculé sur les tables de mortalité de Déparcieux, conçu en 1825 et perfectionné depuis par des hommes d'orgueil, de proie et d'oppression, qui ont eu grand soin de ne pas s'appliquer à eux-mêmes le niveau impitoyable qu'ils ont établi pour les autres.

IV

Nous étions presque arrivé au terme de notre travail, quand le hasard a mis en notre possession un document relatif aux monnaies, dont nous ignorions complétement l'existence.

C'est le rapport d'une commission instituée

par arrêté de M. le ministre des finances, à l'effet de rechercher les principales causes de la situation monétaire qui a préoccupé l'opinion dans ces derniers temps, d'étudier les diverses questions qui en dérivent, et de donner son avis sur les solutions que réclament *les intérêts généraux du pays*.

Ce rapport est précédé d'un arrêté à trois dates : la première du 7 février 1857, la seconde du 3 avril suivant, et la troisième du 8 janvier 1858.

A cette dernière date, la commission s'est trouvée complétée par l'adjonction de deux nouveaux membres, et a procédé immédiatement à l'examen des questions qui lui étaient soumises.

Voici la série de ces questions :

PREMIÈRE QUESTION.

Quelle est en fait l'importance de l'émigration de l'argent?

DEUXIÈME QUESTION.

A quelle cause médiate ou immédiate faut-il attribuer ce fait?

Plus-value de l'argent sur l'or ; son degré, sa variabilité.

Mouvement naturel de notre commerce international avec les pays qui *préfèrent* l'argent (1).

Spéculation particulière et directe des *changeurs* et *affineurs*.

Quelle part appartient à chacune de ces diverses causes?

TROISIÈME QUESTION.

Quelle peut-être, au point de vue général, l'influence en bien ou en mal de la *destruction* et de l'*exportation* de la monnaie d'argent?

Quel bien peut-il en résulter en dehors du bénéfice privé qu'en retirent les *changeurs* et *affineurs?*

(1) Ce n'est pas à titre et à poids égal, assurément.

Quel mal peuvent-elles faire à la *Banque*, et par suite au commerce, par l'*affaiblissement des encaisses?*

A l'État, en l'obligeant à intervenir *à ses frais* pour remplacer incessamment par des pièces neuves celles que les *affineurs* détruisent?

Au commerce, en le privant, ce qui pourrait arriver très rapidement, d'une espèce de monnaie qui lui est nécessaire dans ses rapports *avec certains pays*, ou en l'obligeant à restituer alors, pour se la procurer, la prime dont les *changeurs* auront fait leur profit particulier.

QUATRIÈME QUESTION.

En présence du fait et de ses conséquences, le gouvernement n'a-t-il rien à faire?

S'il doit agir, quelle mesure doit-il prendre?

On en a proposé plusieurs :

1° *Démonétiser* l'or en le réduisant au rôle de

simple *marchandise*, sauf à fixer officiellement sa valeur à des époques périodiques ;

2° Transformer la monnaie d'argent en simple *monnaie de convention*, en lui donnant une valeur nominale supérieure à sa valeur réelle *comme en Angleterre ;*

3° Transformer la monnaie d'argent en lui donnant une valeur nominale égale à sa valeur réelle actuelle, c'est-à-dire en changeant le rapport établi par la loi entre l'or et l'argent ;

4° *Prohiber la sortie de l'argent ;*

5° Élever le droit établi à la sortie de l'argent ;

6° Réduire la tolérance du titre et du poids ;

7° Attaquer directement le mal dans sa cause matérielle et directe *par une loi contre la destruction de la monnaie, en admettant que les anciennes lois ne soient plus en vigueur ;* pour cela, défendre le triage et l'achat à prime dans le but de la fonte.

Il est utile que la commission veuille bien examiner successivement ces diverses questions, sans préjudice de celles que la discussion fera naître.

Examiner subsidiairement si l'État ne devrait pas se réserver le droit exclusif de retirer de la circulation les pièces à l'effigie de Charles X et de Napoléon Ier qui contiennent une certaine quantité d'or, et dont la fonte constitue le principal bénéfice des affineurs. Quelles mesures seraient à prendre dans ce but ?

La commission a déposé son rapport le 22 février 1858 ; elle a proposé au ministre, comme remède, quant à présent, d'élever les droits à la sortie de l'argent, afin de compenser la prime qui tend à nous l'enlever par un obstacle qui tende à le retenir, et de frapper d'une pénalité légale la spéculation immorale qui résulte du triage et du trébuchage de la monnaie.

Le travail de la commission occupe 30 à 40 pages d'impression ; nous engageons le lecteur à se le procurer.

Il doit se trouver à l'imprimerie impériale et au ministère des finances.

C'est un grand in-quarto, couverture bistre, ayant pour titre :

Ministère des finances., *Documents relatifs à la question monétaire.* Paris, Imprimerie impériale, 1858.

Au centre, un médaillon avec le chiffre du ministre des finances, surmonté d'une couronne et entouré d'emblêmes ; à droite, un enfant ailé tenant une balance d'ajustage; au-dessus, une faucille, une gerbe de blé, la cheminée d'une locomotive ; à gauche, la voile et la proue d'un vaisseau antique; au-dessous, un second enfant ailé tenant à la main le caducée de mercure, dieu du Commerce et de l'Eloquence.

V

La Banque de France a été fondée le 24 pluviôse an VIII par une association de banquiers, négociants et capitalistes de Paris, sous la dénomination qu'elle porte encore aujourd'hui, et que la loi du 24 germinal an XI lui a conservée;

c'est cette loi qui lui a accordé le privilége d'émettre des billets au porteur, privilége qui lui a été renouvelé plusieurs fois, et en dernier lieu par la loi du 9 juin 1857.

Ce privilége, qui n'expirait que le 31 décembre 1867, dans dix ans, a été prorogé de trente ans, et ne prendra fin qu'avec le siècle courant, c'est-à-dire dans quarante ans, le 31 décembre 1897.

Avant la république de 1848, la Banque de France avait bien déjà quelques comptoirs dans les départements, mais d'autres banques indépendantes, établies au même titre qu'elle, fonctionnaient à Rouen, Lyon, le Havre, Toulouse, Orléans, Marseille, Nantes et Bordeaux. Chacune de ces banques avait aussi le privilége d'émettre des billets au porteur proportionnellement à son fonds social métallique ; ces billets n'avaient cours que dans la ville où chaque banque avait son siége.

En 1848, la Banque de France profitant de

l'état de faiblesse, de confusion et de danger où se trouvait le nouveau gouvernement, et peut-être aussi de l'inexpérience financière des hommes aux 45 centimes, obtint un premier décret en vertu duquel ses billets au porteur ont fait fonction de papier-monnaie, et ont eu cours forcé en cette qualité, pendant plus de deux ans ; d'autres décrets de la même époque lui ont ensuite incorporé les huit autres banques ci-dessus nommées ; son capital social, qui n'était, avant cette fusion, que de 67 millions, et sa circulation que de 350 millions, se sont élevés, savoir :

Le capital social à 91 millions un quart.

La circulation à 612 millions.

Ses billets au porteur dépassent près de sept fois son capital métallique ; et c'est par conséquent avec une force de 700 millions que la Banque a fonctionné pendant plusieurs années.

La loi du 9 juin 1857 l'a autorisée à doubler son capital par l'émission de 91,250 actions de

1,000 francs chacune, qui ont été attribuées exclusivement *aux possesseurs des actions anciennes actuellement existantes*; c'est en vertu de cette loi qu'au passif du bilan, inséré au *Moniteur* du 10 décembre dernier, le capital de la Banque (ancien et nouveau), figure pour 182,500,000 francs et sa circulation pour 687,340,325 francs.

C'est un principe antérieur et fondamental que la monnaie d'or et d'argent, et tout autre signe qui en fait fonction, soient fabriqués à l'effigie du prince régnant, dans des hôtels établis et par des officiers institués à cet effet. Cependant, les billets de la Banque de France ne sont pas gravés et tirés à l'hôtel des Monnaies de Paris ; la Banque les crée et les fabrique elle-même ; elle en étend ou en restreint le chiffre à sa volonté et sans le contrôle d'une autorité qui ne dépende pas d'elle ; elle annulle et renouvelle ceux que l'usage a mis hors de service ; enfin elle profite de la perte qui doit s'en faire accidentellement et par cas fortuit.

Si la Cour des monnaies d'autrefois eût encore existé quand la loi du 24 germinal an XI a été rendue, une concession pareille n'aurait pas été faite ; la Cour aurait certainement représenté que la monnaie, comme signe représentatif de la richesse vraie, fait varier la valeur de cette richesse en raison de la rareté ou de l'abondance du signe qui la représente ; que la fabrication de ce signe ne pouvait être abandonnée sans police et sans contrôle à une association de capitalistes ; que cette fabrication appartenait à l'État exclusivement et sans partage, surtout celle du papier-monnaie qui n'a de valeur que celle que la loi lui donne, et qu'autant que ce papier s'appuie sur une émission équivalente de monnaie métallique ; cette Cour aurait aussi fait remarquerque le droit de battre monnaie appartient à la couronne, et qu'aucune loi n'en peut disposer, pas plus que de la couronne elle-même.

Si la Cour des monnaies d'autrefois eût encore existé quand la loi du 24 germinal an XI a été rendue, une concession pareille n'aurait pas été faite ; la Cour aurait certainement représenté que la monnaie, comme signe représentatif de la richesse réelle, doit valoir la valeur de cette richesse en raison de la quantité ou de l'abondance du signe qui la représente ; que la fabrication de ce signe ne pouvait être abandonnée sans péril et sans contrôle à quelques spéculateurs capitalistes ; que cette fabrication appartenait à l'État exclusivement, et sans [illegible]

[illegible]

DOTATION DU PEUPLE.

Payement des loyers d'habitation des classes ouvrières.

Le crédit partout, à long terme et à bon marché.

Extinction graduelle du paupérisme.

PARIS. — 1859.

INTRODUCTION.

AUX ÉLECTEURS DE L'AUBE ET DE LA SEINE.

Messieurs,

Ce sont les lois d'impôt, de banque et de finance qui décident de la destinée des empires, destinée grande, heureuse et prospère quand ces lois sont justes, remplie de troubles, d'agitations et de malheurs, dans le cas contraire.

En 1857, à l'occasion du renouvellement du Corps législatif, je vous ai adressé un programme reposant sur une suite de mesures administratives et financières, dont l'adoption par le gouvernement me paraissait et me paraît encore nécessaire pour consolider la situation calme où notre pays est enfin parvenu après tant de jours d'orages et de discordes civiles.

Dans ce programme, jeté à la hâte sur le papier, j'ai dû me borner à une énonciation sommaire et rapide de quelques propositions principales ; je vous dois maintenant, et je me dois à moi-même, de vous faire un exposé des motifs sur lesquels s'appuie chacune de ces propositions.

Je vais donc les rappeler successivement à votre souvenir en les complétant, et en consignant à la suite de chacune d'elles les explications propres à les justifier à vos yeux, et à vous fixer dans le nouvel examen que je vous prie d'en faire.

Il s'agit d'inscrire au budget des dépenses de l'État un crédit annuel de 300 millions, sous ce titre : *Dotation du peuple*.

On obtient ce crédit en convertissant la Banque de France et les recettes générales des finances en banques départementales par actions, et les recettes particulières en succursales de ces banques, en remettant l'armée sur le pied de paix, en retenant à titre d'impôt un décime pour franc sur les arrérages de la dette inscrite, en transformant la contribution mobilière d'impôt de répartition en impôt de quotité sous le nom d'*income tax*, en attribuant à l'État la fabrication exclusive du papier ; enfin en opérant dans notre régime financier divers changements, qui cependant n'altèrent et ne réduisent en rien la dotation des grands pouvoirs de l'État, ni celle d'aucun service public.

La dotation du peuple servirait d'abord à

payer les loyers d'habitation des classes ouvrières tant à Paris que dans les départements, à adoucir quelques-unes des misères qui découlent de nos institutions sociales, et enfin à éteindre l'extrême paupérisme graduellement et en peu d'années.

Ce plan assure, en outre, aux propriétaires de maisons, le payement exact et intégral de leur revenu, assied et répartit plus équitablement plusieurs impôts, place un établissement de crédit dans toutes les villes, chefs-lieux de département et d'arrondissement, donne ce crédit à long terme et à bon marché à tous les citoyens, dans la mesure de solvabilité annoncée par le revenu inscrit *pour ordre* dans le bordereau annuel de leur *income tax;* enfin anéantit complétement l'usure sans le secours d'aucune loi pénale.

Si nous jetons les yeux sur le budget général des dépenses publiques, nous y trouvons en première ligne les dotations des grands pouvoirs de l'État, la dotation des ministres et des ministères, la dotation des états-majors civils et militaires, la dotation des archevêques, des évêques, préfets, présidents de cours, conseillers d'État, conseillers maîtres; enfin les dotations des receveurs généraux, des directeurs généraux, des inspecteurs généraux, des secrétaires généraux, des théâtres et des beaux-arts.

En 1855, une haute sagesse a fait inscrire à ce même budget la dotation de l'armée; inscrivons-y maintenant, à notre tour, la dotation du peuple, et que le chiffre, autant que possible, soit digne de la France et du donataire.

P. S. — Vous trouverez dans ce livre des détails exacts sur les monnaies, sur la conversion des rentes de 1852, sur la Cour des comptes, sur les chutes et les résurrections des directions générales, sur l'état de défaillance dans lequel l'inspection des finances était tombée en 1848, sur les causes qui ont amené la grande razzia des chefs de service de 1853 et le mariage forcé des contributions indirectes et des douanes à la même époque.

Vous y trouverez encore un tableau raisonné de l'organisation intérieure du ministère des finances, et des considérations que je crois justes et fondées, sur la nécessité de séparer la trésorerie des finances, les douanes, des contributions indirectes, de supprimer définitivement les directions générales, de rendre aux administrations financières leurs anciens inspecteurs généraux, d'attribuer ces fonctions supérieures aux directeurs de département exclusivement, de restituer à l'administration des contributions directes le service des percepteurs, de procéder, sans délai, au renouvellement et à la conservation du cadastre ; d'attribuer par préférence aux inspecteurs des contributions directes et indirectes, des domaines, des forêts et des douanes, fatigués du service actif ou distancés, les recettes particulières des finances et les perceptions de Paris, et aux contrôleurs principaux des contributions directes, les perceptions des autres grandes villes de France, sur la nécessité, enfin, d'assurer l'état des fonctionnaires des départements, en exécutant la loi du 5 juillet 1850, relative à l'admission et à l'avancement dans les fonctions publiques.

Je vous prie de remarquer que cette réorganisation réformiste de l'administration générale des finances découle nécessairement de la conversion des recettes générales en banques départementales, condition première a remplir pour constituer la dotation du peuple, et que, loin d'enlever aux receveurs généraux et particuliers aucun des avantages attachés à leurs fonctions, elle les leur conserve, mais sous une forme plus digne et plus convenable, et avec un titre plus élevé que celui qui leur a été attribué jusqu'à présent.

FIN.

Paris. — Imprimerie de L. MARTINET, rue Mignon, 2.

www.ingramcontent.com/pod-product-compliance
Lightning Source LLC
Chambersburg PA
CBHW072311210326
41519CB00057B/4062